KAWADE
夢文庫

作れないと恥ずかしい基本の料理

絵レシピ100連発!

いまさら人に聞けない“できて当たり前”の料理が、こっそり学べる本

平成暮らしの研究会[編]

河出書房新社

基本料理が絶対においしくできるコツが満載！●まえがき

いまの世の中、料理ができないと、損なことばかり。毎日外食では、「おカネが貯《た》まらない」「健康面が心配」「ダイエットがうまくいかない」の〝三重苦〟に加えて、恋愛運・家庭運も急降下することでしょう。料理が苦手な女性は、少なくとも「料理上手」を期待する男性にはモテませんし、男性のほうも「男子厨房《ちゅうぼう》に入るべからず」とふんぞりかえっていられたのは昔の話。今の世の中、男性も家事を分担しなければ、奥さんや彼女から愛想《あいそ》を尽《つ》かされても文句はいえません。

——とはわかっていても、「料理苦手だし」「包丁使えないし」「味つけ下手だし」とため息をついているあなた。さっそく、この本を開いてください。

本書では、おなじみの和食・洋食・中華をはじめ、家庭の定番メニュー100の作り方を紹介しましたが、そのレシピは、難しいテクニックを必要とせず、市販の調味料などを賢《かしこ》く利用して手間を省《はぶ》いた方法ばかり。しかも、一品の作り方をたった3つの手順にまとめ、「絵レシピ」でわかりやすく解説しているので、「料理本を読むのさえ苦手」という方にも大いに役立つはずです。

というわけで、この本をながめながら、台所に立っていただければ、あなたのレパートリーが自分でも驚くほど増えること、請け合いです。

平成暮らしの研究会

作れないと恥ずかしい基本の料理●もくじ

❶ みんな大好き！ 基本の【洋食】メニュー

② 毎日でもうれしい！ 基本の【和食】メニュー

③ パパッと豪快に！ 基本の【中華】メニュー

④ 基本の【お肉】メニュー
元気もりもり！

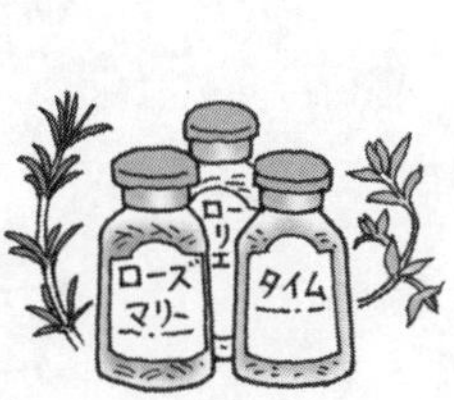

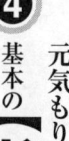

朝食やお弁当に最適！

⑤ 基本の【卵】メニュー

煮てよし、焼いてよし、生でよし！

⑥ 基本の【お魚】メニュー

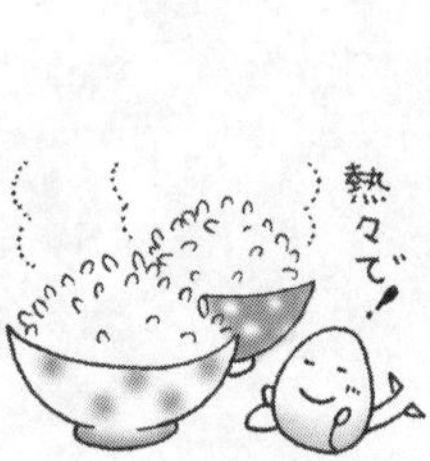

⑦ 基本の【野菜】メニュー
たっぷり食べたい！

⑧ 基本の【めん系】メニュー
ゆで方が決め手！

⑨ 日本人には欠かせない！ 基本の【ごはん】メニュー

⑩ カラダにやさしい！
基本の【汁もの】メニュー

⑪ 家族のだんらんに！
基本の【鍋もの】メニュー

⑫ ちょっとつまみたくなる！ 基本の【軽食】メニュー

おいしい豆知識

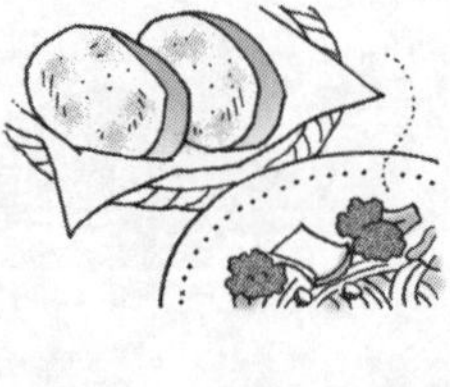

カバーイラスト●寺山武士(pict-web.com)
本文イラスト●まつもときなこ
協力●オフィスGEN

1

みんな大好き！基本の【洋食】メニュー

洋食は、西洋料理を手本にして、明治以降に生まれた「外国風和食」。コロッケ、シチュー、ハンバーグ……、どこか懐かしい味がするレシピ集です。

初めてでも安心！
ふっくらハンバーグ

■材料（2人分）

牛ひき肉……………200g

A	玉ねぎ…………	¼個
	溶き卵…………	½個分
	パン粉…………	㊅2
	はんぺん………	½枚
	塩·こしょう…	少々

※㊅＝大さじ

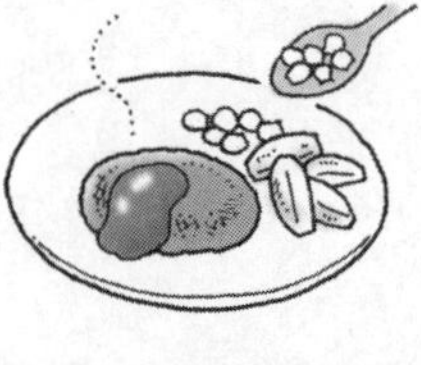

つけあわせは冷凍ポテトや
缶詰コーンを使えば簡単

①玉ねぎのみじん切りを電子レンジ（600W）で2〜3分加熱し、粗熱《あらねつ》をとる。玉ねぎ、ひき肉、材料A（はんぺんは細かくちぎる）をボウルに入れてよく練《ね》りまぜる。

②手にサラダ油をぬり、①を小判形に丸める。中央にくぼみをつけておく。

③フライパンを熱して油をなじませ、②を片面にこんがり焼き色がつくまで焼いたら、ひっくり返し、もう片面も焼く。

肉を焼いたフライパンでケチャップ+ウスターソースを煮詰めればソースの完成

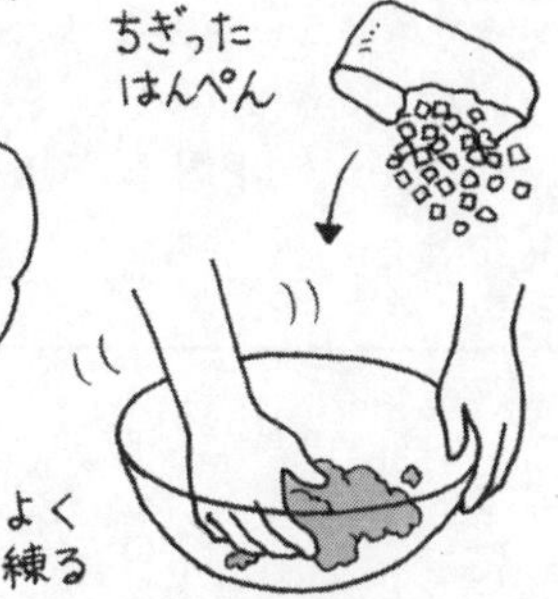

はんぺんをまぜるのがポイント!

もうひと手間!

●赤ワイン風味のドミグラスソース

小鍋に赤ワインを入れて煮立て、アルコール分を飛ばす。

そこへドミグラスソース(缶詰)を加え2~3分煮詰めれば、あっという間にレストランの味わいに。

ここがポイント!

●つなぎにはんぺん

つなぎに細かくちぎったはんぺんをまぜるのが裏ワザ。ふっくらやわらかいハンバーグに!

●とにかく練る!

肉が固くなってしまうのは「練り」不足が原因。肉の粒がなくなり、ねっとりするまで練ること。

■材料(2人分)

鶏もも肉	1枚	牛乳	1½カップ
玉ねぎ	½個		
にんじん	1本		
じゃがいも	小2個		
バター	大1½		
小麦粉	大1½		

鍋ひとつで作れる!
とろ~りクリームシチュー

①鍋にバターを溶かし、薄切りにした玉ねぎと一口大に切った鶏肉を入れて炒める。玉ねぎが透き通ってきたら、小麦粉をいっきに入れて炒める。

②小麦粉の粉っぽさがなくなったら、牛乳を加えて混ぜ、とろみをつける。沸騰したら、にんじん、じゃがいもを入れて煮込む。

③にんじん、じゃがいもに火が通ったら、塩、こしょうで味をととのえる。

ホワイトソースをつくらずにできる簡単レシピ

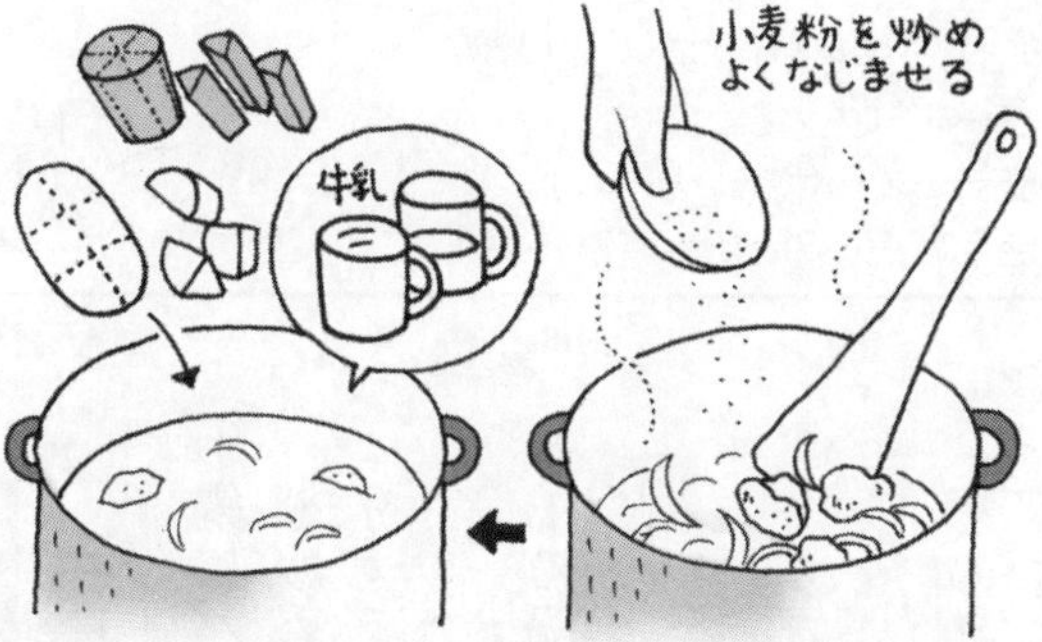

バリエーション

●具を変える

具をサーモン、えび、カキにすればシーフードシチューになる。豚肉を使ってもうまい。

●和風シチューに

ソースに白味噌を加えると、あっという間に和風味。ごはんにピッタリのシチューになる。

ここがポイント！

●具と小麦粉をよく炒める

シチューのベースとなるホワイトソースは、小麦粉とバターを炒め、牛乳を徐々に加えて作るのが定石《じょうせき》だが、その手間を省いたのがこのレシピ。具と小麦粉をしっかり炒めておけば、牛乳を入れてもダマにならない。

■材料（2人分）

マカロニ……60g
玉ねぎ………1個
牛乳…………2カップ
バター………㊅2
小麦粉………㊅1
むきえび……8尾
とろけるチーズ……2枚

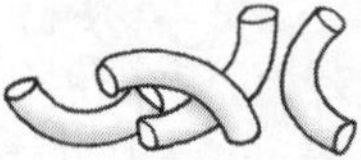

別ゆでの手間を省いた！

手抜きマカロニグラタン

①鍋にバターを入れて溶かし、玉ねぎの薄切りを炒める。透き通ってきたら小麦粉を入れ、粉っぽさがなくなるまで炒める。

②①の鍋に牛乳とマカロニを加える。沸騰してとろみがついてきたら、えびを入れる。

③マカロニがやわらかくなったのを確かめてから、②をグラタン皿に移し、とろけるチーズをのせてオーブントースターでこんがり焼く。

マカロニを別ゆでする必要なし！

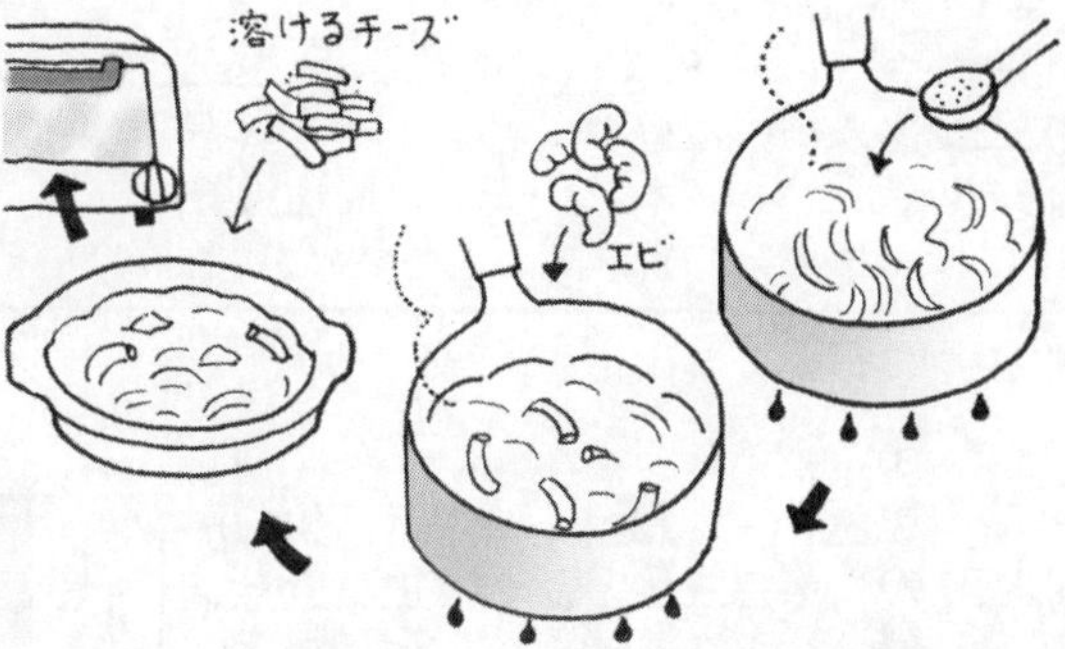

もうひと手間！

●焦げ目をつけるには？

おいしそうな焦《こ》げ目をつけるには、とろけるチーズの上にパン粉を散らしておくといい。

●よりリッチに仕上げる

牛乳を入れる頃合いに、生クリームを少量加えると、よりクリーミーで濃厚《のうこう》な味わいになる。

ここがポイント！

●マカロニで手抜き

通常のレシピでは、別鍋でゆでておくマカロニを、具といっしょの鍋で煮ながらゆでてしまうのが、時間短縮のワザ。ただし、マカロニのゆで加減が足りないと、あとでオーブントースターに移して加熱してもやわらかくならないので注意。

■材料（4人分）

鶏もも肉……………250g
玉ねぎ………………1個
カレールウ…………80g
固形コンソメ………2個
鷹の爪………………2本
チョコレート………1片
水……800mℓ

基本メニューを手早く！

10分チキンカレー

①玉ねぎを薄切りにし、電子レンジで加熱する。鶏肉は一口大に切り、油を熱した鍋で焼き色をつけ、取り出す。

②同じ鍋に、加熱した①の玉ねぎを入れ、きつね色になるまで炒める。鷹《たか》の爪も加える。炒めているあいだに、分量の水を沸かしておく。

③②の鍋に、沸騰した湯と洋風スープの素を加えて煮立て、火を止めてルウとチョコレートを割り入れて溶かし、肉を戻して煮込む。

野菜は別ゆでしたものを最後
に盛り付けると彩りがよい

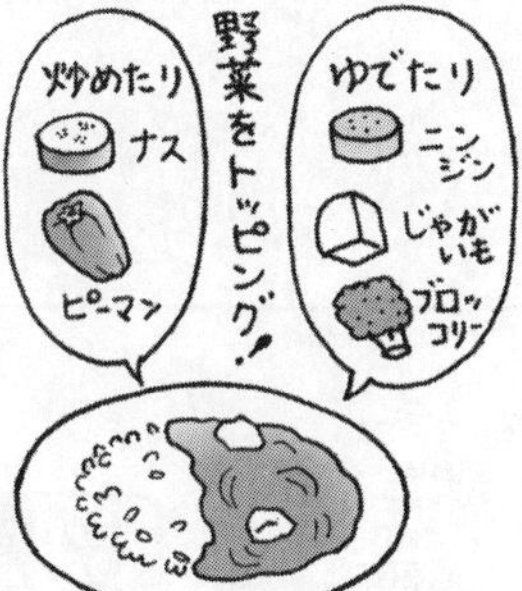

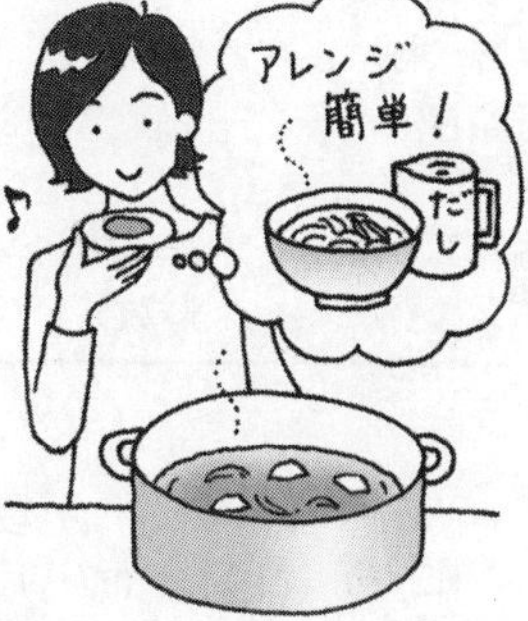

だし汁でのばせばカレーうどんや
スープにもアレンジOK!

もうひと手間!

●風味アップのウラ技

チョコレート以外にも、ヨーグルト、バターなどを入れるとコクが増す。インスタントコーヒーを少量加えても味に深みが出る。また市販のルウ2種類を混ぜて使ったり、スパイスミックスを加えても風味がアップする。

ここがポイント!

●ルウを入れるとき

ルウは、いったん火を止めてから入れること。グツグツ煮立った鍋にルウを入れると溶けにくく、ダマになりやすい。

●肉は焼き色をつける

カレーに使う肉は、焼き色がつくまで炒めておくと、旨味が逃げない。

■材料（4人分）

豚薄切り肉	400g
キャベツ	8枚
玉ねぎ	1個
ベーコン	3枚
固形コンソメ	2〜3個
パスタ麺	個数分
水	600mℓ

薄切り肉で作る！

ズボラ式ロールキャベツ

①キャベツは芯に包丁を入れて1枚ずつはがし、下ゆでしてやわらかくしておく。豚肉の薄切り肉はくるくると巻いておく。

②①の肉をキャベツで巻く。巻き終わりは、5cmに折ったパスタ麺をさしてとめる。

③ロールキャベツを鍋に並べ、玉ねぎの薄切り、ベーコン、固形コンソメ、水を入れて火にかける。沸騰したら弱火にして10分煮る。

ロールキャベツの巻き方

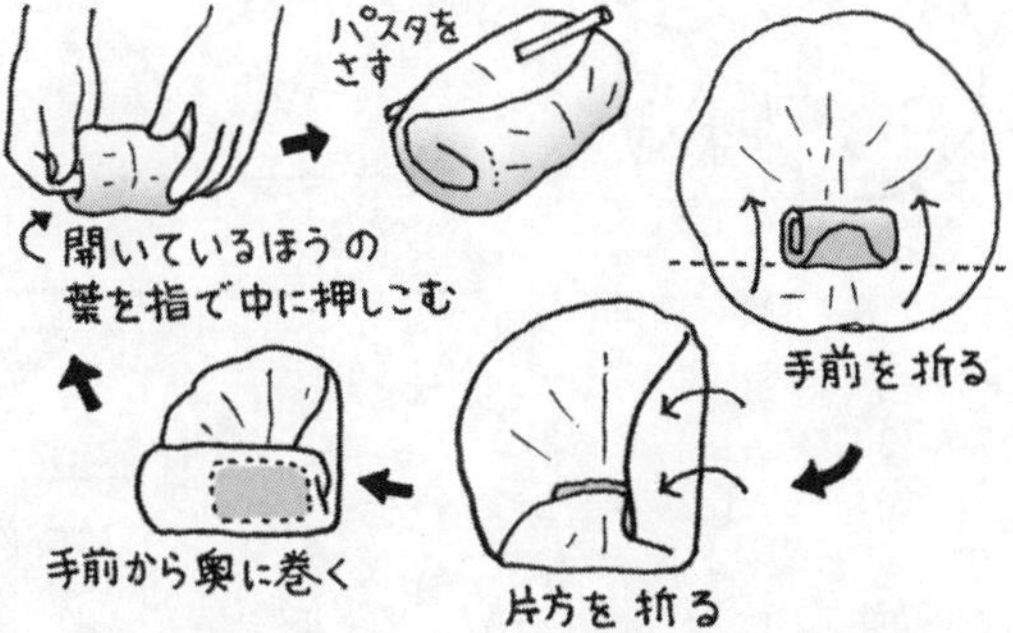

メニューアレンジ

●トマト風味のロールキャベツ

トマト味にしたいときは、缶詰のホールトマトをざく切りにして、汁ごと入れればOK。仕上げに、レモン汁少々と、バター㊇1を入れると、風味もコクもアップする。

ここがポイント!

●薄切り肉を使う

ミンチであんを作るより手軽に作れ、キャベツが破けても食べやすい。初めて作る人におすすめ!

●煮崩れ防止には?

ロールキャベツを煮るときは、鍋の中で泳がないよう隙間なくギッシリ並べておくのがコツ。

下ごしらえはレンジにお任せ!

ほくほく**ポテトコロッケ**

■材料（2人分）

じゃがいも……	2〜3個
牛ひき肉………	100g
玉ねぎ…………	½個
溶き卵…………	1個分
小麦粉…………	適量
パン粉…………	適量

コロッケには男爵いもを使う

①じゃがいもを皮つきのままラップに包み、電子レンジで4〜5分加熱する。熱いうちに皮を取り除いてフォークでざっとつぶす。

②玉ねぎのみじん切りとひき肉を電子レンジで2分加熱し、①のじゃがいもと混ぜ、塩、こしょうで味をととのえる。

③②を好みの形に丸め、小麦粉、溶き卵、パン粉の順にまぶし、揚げ油でこんがりきつね色になるまで揚げる。

レンジが大活躍する手抜きコロッケ

メニューアレンジ

●生クリーム入りエビコロッケ

手順①でざっとつぶしたじゃがいもに、生クリーム50mℓを混ぜる。むきえび(適量)は背わたをとって細かく切り、白ワイン(日本酒でも可)をまぶす。適当に丸め、手順③と同様、衣をつけて揚げる。

ここがポイント!

●男爵いもを使う

じゃがいもは、ゆでたときのホクホクした食感が楽しい「男爵系《だんしやく》」と、煮崩れしにくい「メークイン系」のいもなど、種類が多彩。コロッケを作るときは、男爵系のいもを使うといい。なお、新じゃがはコロッケには向かないので注意。

まるで洋食屋さんの味！

レトルトじゃないハヤシライス

■材料（2人分）

牛薄切り肉	200g
玉ねぎ	1個
赤ワイン	50㎖
ドミグラスソース	1缶
バター	㊔1
ごはん	2杯分

※㊔＝小さじ

トマトを加えて煮込むと本格的に

①玉ねぎは薄切りにし、バターを溶かした鍋できつね色になるまで炒める。赤ワインを注ぎ、沸騰したら、ドミグラスソースを加えて煮込む。

②別のフライパンで牛肉をさっと炒め、①に入れて煮る。アクが出てきたら取り除き、フタをして15分煮込む。

③塩、こしょうで味をととのえる。皿にごはんを盛り、ルウをかける。

時間がないときは、レンジで玉ねぎの甘さを引き出す

もうひと手間！

●トマトを加える

手順①で、ドミグラスソースに加え、トマト１個のざく切りを入れると風味豊かになる。

●味噌を加える

隠し味として赤味噌を味見しながら加える。煮込み時間が少なくても濃厚《のうこう》な味に。

時間がないときは

●玉ねぎは塩で炒める

ハヤシライスは、玉ねぎをじっくり炒めて甘さを十分に引き出すのがうまさの秘訣。時間がないときは、玉ねぎを電子レンジで加熱し、塩を少量加えてから鍋で炒めるといい。すぐにしんなり、きつね色になる。

乾燥パン粉は湿らせて

■材料（2人分）

ブラックタイガー…4尾
溶き卵………………1個分
小麦粉………………適量
パン粉………………適量

下ごしらえで差がでる！
まっすぐエビフライ

①えびはカラを取って背わたを取り除く。腹側を上に向けて置き、包丁で4〜5本、えびの身にザクッと切り込みを入れる。次に背側を上にして、シッポの部分を押さえつけ、形をまっすぐに整える。

②①のえびに、小麦粉、溶き卵、パン粉を順にまぶす。

③フライパンに油を入れて、170℃に熱し、②をきつね色になるまで揚げる。

えびをまっすぐに揚げるコツ

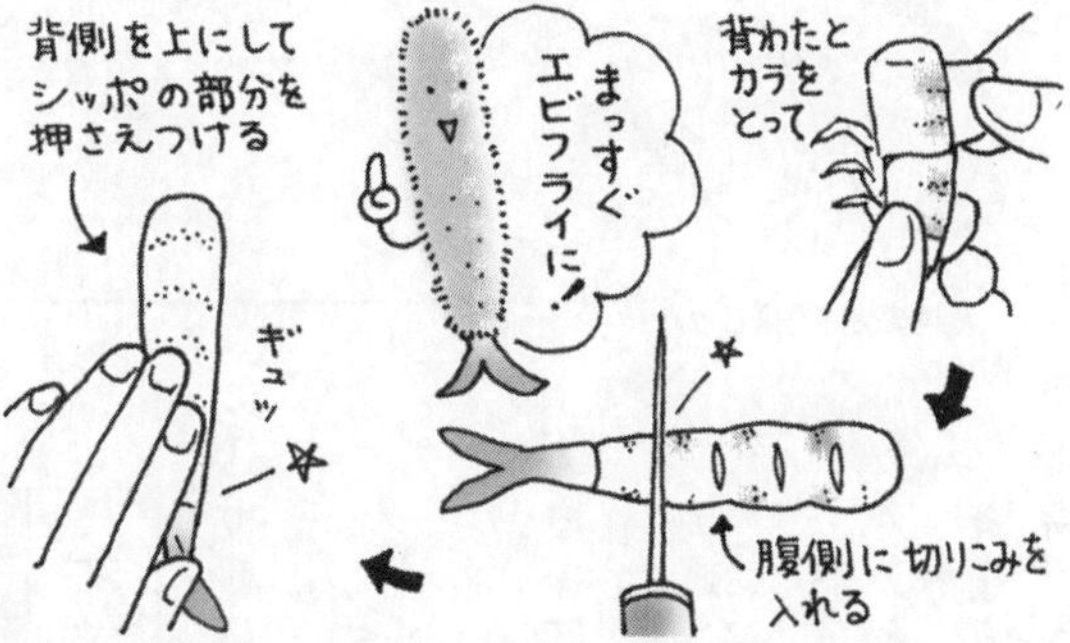

裏ワザ！

●乾燥パン粉は霧吹きで

エビフライは、生パン粉を使ったほうがサクッと揚がる。乾燥パン粉しかないときには、パン粉に霧吹きで水をかけて湿らせ、しっとりしてから使うとカリッと揚がる。ただし、湿らせすぎると油がはねるので注意。

ここがポイント！

●えびはまっすぐに！

カラをむいただけのえびをフライにすると、背中が丸まってしまい、見た目にもあまりよくない。腹側に4～5本、ザクッと包丁で切れ目を入れ、しっかりのばしてから衣を付けることを忘れずに！

やさしく手早く調理！

冷凍じゃないカキフライ

①ザルにカキを入れ、塩をふり入れて身をつぶさないように軽くもみ、汚れを取る。水でサッと洗い、ペーパータオルで水分をふく。

②カキに軽く塩、こしょうで下味をつけたら、小麦粉、溶き卵、パン粉の順番で衣をつける。つぶさないようにやさしく。

③フライパンに油を入れて180℃に熱し、カキをきつね色になるまで揚げる。揚げ時間の目安は、およそ1分半。

■材料（2人分）

カキ（大粒）……150g
溶き卵…………1個分
小麦粉…………適量
パン粉…………適量

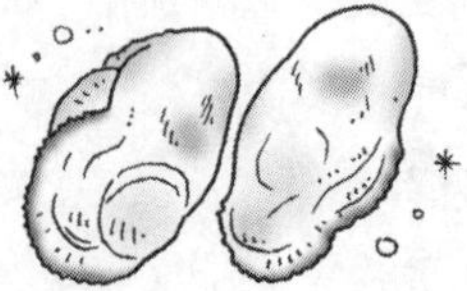

大粒のカキを選ぼう！

2

毎日でもうれしい！ 基本の【和食】メニュー

きんぴら、ひじき、キュウリの酢の物…。食卓に並ぶとホッとする、定番和食のレシピです。心も体も喜ぶおふくろの味を、手軽に作ってみましょう。

■材料（2人分）

卵	1個	かまぼこ	2切れ
A だし汁	180mℓ	しいたけ	2枚
A 塩	㊙⅓	みつ葉	2本
A しょうゆ	㊙½		
A みりん	㊙1		
鶏もも肉	40g		

お鍋で作れる！

スの入らない茶碗蒸し

①かまぼこ、しいたけ、鶏肉を一口大に切り、みつ葉は3cmに切る。鶏肉にしょうゆ（分量外）少々をまぶし、下味をつけておく。

②卵をボウルに溶きほぐし、Aを加えて泡がたたないよう混ぜ、卵液を作る。器にそれぞれ具を入れ、卵液を注ぐ。

③深めの鍋に3cmの水を入れて沸騰させ、②の器を並べる。フタは少し隙間があくよう斜めにずらし、強火で7～8分蒸す。

蒸し器なしでつくれる料亭の味

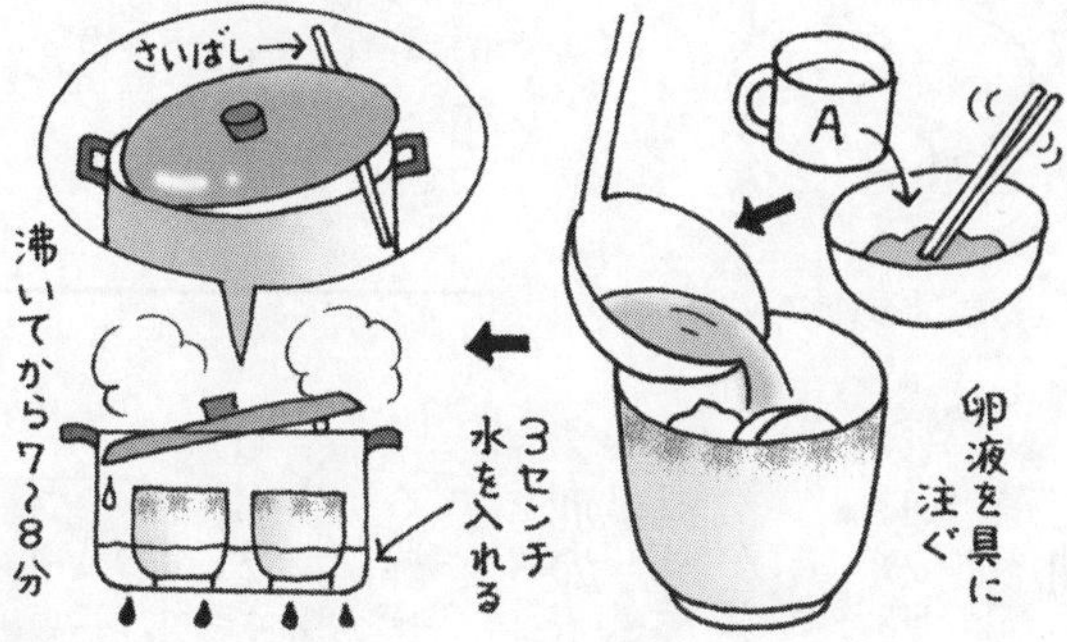
さいばし→
沸いてから7〜8分
3センチ水を入れる
A
卵液を具に注ぐ

もうひと手間！

●卵液をこす

手順②で作った卵液は、茶こしや目の細かいザルなどでこすと舌触りがなめらかになる。

●泡が立ったら

器の中の卵液に泡が立ったら、スプーンの背で消しておくと、蒸しあがりがきれいに。

ここがポイント！

●フタを斜めにずらす

卵の蒸し物は、内部の温度を90℃に保つのが理想。沸騰している湯の温度を下げるには、フタをピッタリせずに隙間を少しあけておくのがコツ。また、フタを斜めにすることで、しずくが器に直接かからず、一石二鳥。

冷たい水を使うのがポイント！

■材料（2人分）

玉ねぎ………1個
にんじん……½本
小麦粉………½カップ
冷水…………½カップ

穴あきお玉で作る！ バラバラにならないかき揚げ

①玉ねぎは薄切りに、にんじんは細切りにしてボウルに入れ、小麦粉（分量外）をふってよく混ぜあわせておく。

②別のボウルに冷水（氷で冷やす）を入れ、小麦粉を加えて、さっくり混ぜる。粉がダマになった状態でＯＫ。混ぜすぎは×。

③①の野菜を②のボウルに入れて、衣にからませ、平たい穴あきお玉ですくい、中火で熱した油の中に落とす。両面をカラリと揚げる。

オーブンシートを使ってもっと簡単に！

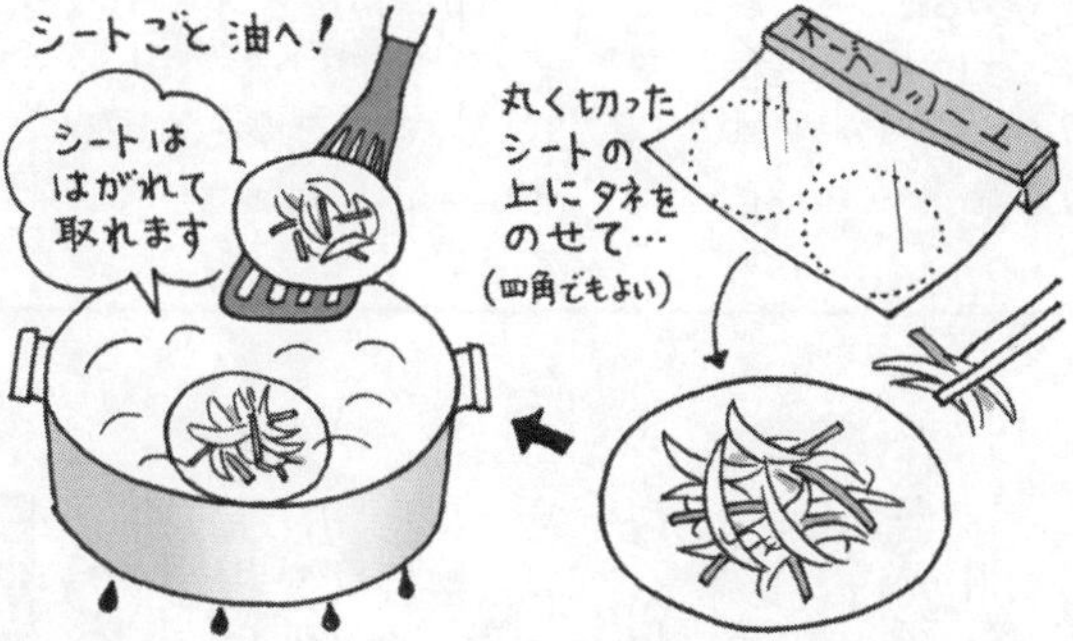

裏ワザ！

●オーブンシートでバラバラ回避

かき揚げをバラバラにならずに揚げる秘密兵器はオーブンシート。シートを丸い形に切り、その上にタネをのせてシートごと油へ落とす。しばらくしたら裏返し、シートを箸ではがせば完了。

ここがポイント！

●水は冷やす

衣の温度は5℃くらいが理想。衣が冷たくないとカラリと揚がらない。

●卵を使わない

衣に卵が入ると、ふんわりやわらかくなる。かき揚げはベタッとしやすいので、卵を使わないほうがサクサクの衣になる。

■材料(3〜4人分)

大根	½本	A だし汁	8カップ
こんにゃく	1枚	酒	㊅2
じゃがいも	2個	砂糖	㊅1
ちくわ	1本	しょうゆ	㊅2
ゆで卵	2個	みりん	㊅1

常備食材で作る!

ありあわせおでん

①大根は厚さ2cmの輪切りに、じゃがいもは半分に切る。こんにゃくは三角形に切る。大根とじゃがいもはやわらかくなるまで、こんにゃくはサッと下ゆでしておく。

②ちくわは斜め切り。ゆで卵はカラをむく。土鍋か大きな平鍋にAを入れて煮立てる。

③②の鍋に大根、じゃがいも、こんにゃく、ゆで卵を入れる。煮立ったらちくわを加えて弱火で20分煮込む。火を止め、いったん冷ます。

材料を煮汁に入れる順番が大切！

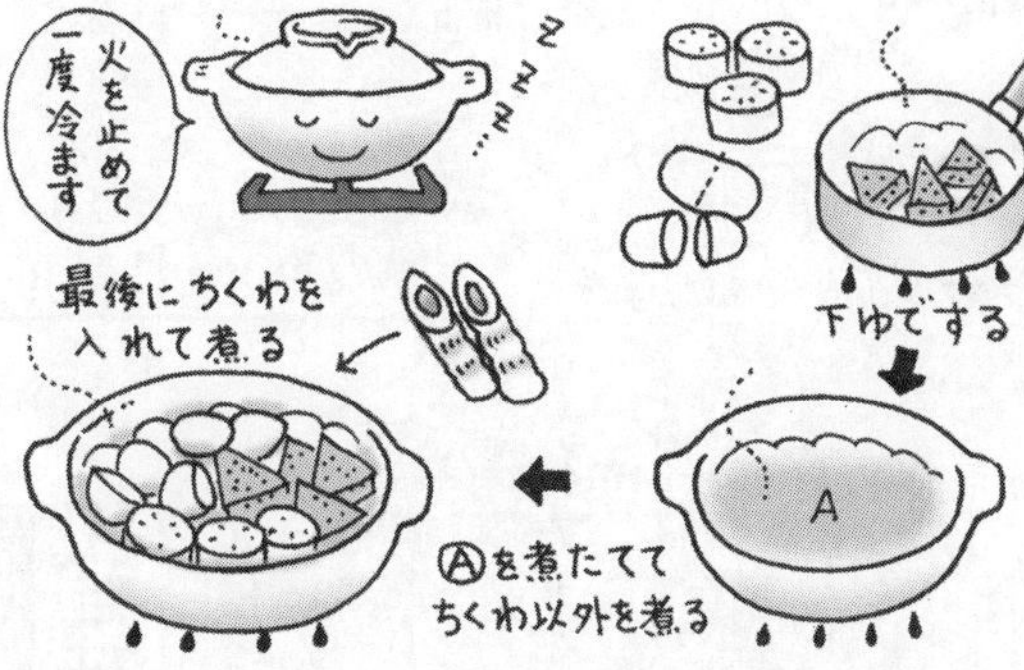

メニューアレンジ

●残ったおでんが別料理に変身

おでんの煮汁を使って米を炊くと、茶飯風のおいしい炊き込みごはんになる。ゆで卵や練り物があまったときは、小麦粉、溶き卵、パン粉をつけて“変わりフライ”に大胆アレンジ。酒の肴《さかな》にぴったり。

ここがポイント！

●長時間煮込まない

20分煮たら火を止めてフタをし、一度冷ますのがコツ。冷めるあいだにおでん種《だね》に味がしみこむ。

●練り物はあとから

ちくわやさつま揚げなどの練り物は、煮込みすぎると味が流れ出てしまう。最後に入れること。

アク抜きしないほうが風味がいい

■材料（2人分）

ごぼう	½本
にんじん	1本
ごま油	㊫2
A 砂糖	㊏½
A しょうゆ	㊏1
A 鷹の爪	1本

皮むき器で作れちゃう！

昔ながらのきんぴら

①ごぼうは、泥をきれいに洗い落とし、ピーラー（皮むき器）で薄いささがきにする。にんじんもピーラーで皮ごとささがきにする。

②フライパンにごま油を熱し、①のごぼうとにんじんを入れ、強火で手早く炒める。

③にんじんとごぼうがしんなりしたら、Aを加え、汁気がなくなるまで炒め合わせる。

ピーラーを使えば下ごしらえも簡単！

鷹の爪は
タネをとって
輪切り

ピーラーを
斜めに引けば
ほどよい長さの
ささがきに！
まな板
まわしながら
ボウル
（流し台）

バリエーション

●油揚げ入りきんぴら大根

大根（5㎝）は皮がついたままピーラーでむき、5㎜幅の細切りにする。油揚げも5㎜幅の細切りに。あれば大根の葉をざく切りにする。きんぴらごぼうの作り方と同様、ごま油で炒めて味付けする。

ここがポイント！

●ごぼうのアク抜きはしなくていい

ごぼうは、切ってすぐ調理するときはアク抜きする必要はない。切ったごぼうを水にさらすのは変色を防ぐためで、味がよくなるわけではない。水にさらすと栄養素が流れ出てしまうので、手早く切ってすぐ調理！

和風サラダといえばこれ！

5分で完成！きゅうりの酢の物

■材料（2人分）

きゅうり…………1本
わかめ（塩蔵）……10g
A ┌ 酢……………㊅3
　│ 砂糖…………㊅½
　└ 塩……………少々

きゅうりの水気はしっかりしぼって

①きゅうりは薄い輪切りにし、塩小さじ1（分量外）をふって軽くもむ。しんなりしたら水気をしぼる。

②わかめは水に5～10分浸けて戻し、洗って水気をしぼり、2～3㎝に切る。

③ボウルにAを入れて合わせ酢を作り、①と②をあえる。

たたききゅうりで、もっと手早く

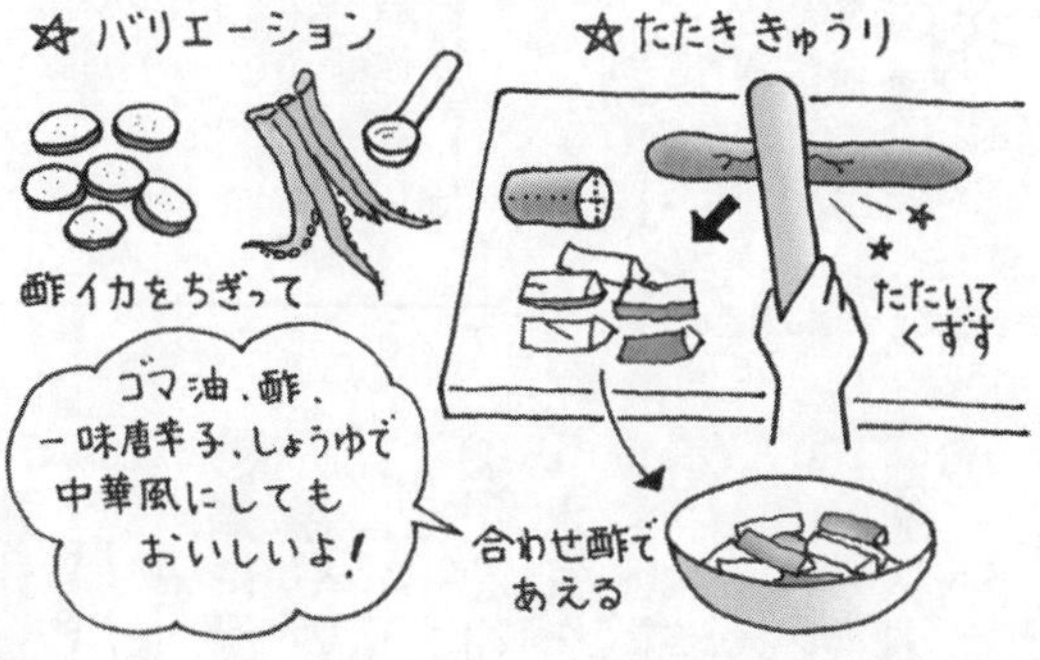
☆バリエーション
酢イカをちぎって
ゴマ油、酢、
一味唐辛子、しょうゆで
中華風にしても
おいしいよ!
☆たたききゅうり
たたいて
くずす
合わせ酢で
あえる

バリエーション

●おつまみ酢いかときゅうりの酢の物

スーパーやコンビニで売っている「酢いか」。普段は酒の肴の“乾きもの”としてそのまま食べるが、輪切りのきゅうり、酢とあえるとおいしい酢の物に。酢いかに味がついているので、塩はいらない。

時間がないときは

●たたききゅうりにする

きゅうりのスライスが面倒なときは、すりこ木などでたたいてくずし、適当に切って塩でもむ。

そのあいだに合わせ酢を作り、きゅうりとあえればいい。

わかめを戻すのが面倒なら、かわりにしらす干しを使えば手間いらず。

■材料（2人分）

さやいんげん………100g
A
黒すりごま……㊅3
砂糖…………㊆2
しょうゆ………㊆2
だし汁…………㊆2

だし汁のかわりに納豆のタレでも

市販のすりごまで手軽に！

パパパッとごまあえ

①鍋に湯を沸かして塩少々を入れ、沸騰したらさやいんげんを入れて2〜3分ゆでる。

②①を冷水にとって冷まし、ペーパータオルで水気をしっかりふき取る。へたを取り、半分に切る。

③ボウルにAのあえ衣の材料を入れ、いんげんを入れて混ぜ合わせる。

さやいんげんの白ごま味噌あえ

☆白ごまみそのあえ衣☆
砂糖・白みそ
大さじ½ずつ
白すりごま 大さじ4
塩少々
じゅうぶんに
冷ます
氷水
切る
A
あえる

バリエーション

●さやいんげんの白ごま味噌あえ

さやいんげんをゆで、手順どおりに下処理する。「白ごま味噌」のあえ衣を作る。白すりごま（大さじ4）、砂糖、白味噌（各大さじ½）、塩少々をボウルに入れ、いんげんとあえる。好みで酢を加えても。

ここがポイント！

●あえるタイミング

いんげんは、ゆでて温かいうちにあえると、煮物のようになりマズイ。冷ましてからあえること。

●だし汁に納豆のタレ

少量のだし汁を用意するのが面倒なら、納豆についてくるタレが便利。少量で味もしっかりつく。

買ったらその日にゆでる！

入門！ほうれん草のおひたし

■材料（2人分）

ほうれん草……1束
塩………………少々
削り節…………適量
しょうゆ………少々

割りじょうゆを常備すると便利

①ほうれん草を流水で洗い、根元の泥を落とす。鍋にたっぷりの湯を沸かし、塩少々を入れる。

②湯が煮立ったら、根元のほうからほうれん草を入れる。根がしんなりしたら、葉を沈めて30秒ほどゆで、さらに裏返して30秒ゆでる。

③ゆであがったら、すぐにざるにあげて、冷水で急激に冷まし、アクを抜く。水気をしぼり、切って器に盛り、削り節としょうゆをかける。

ゆで方で味に差がつく！

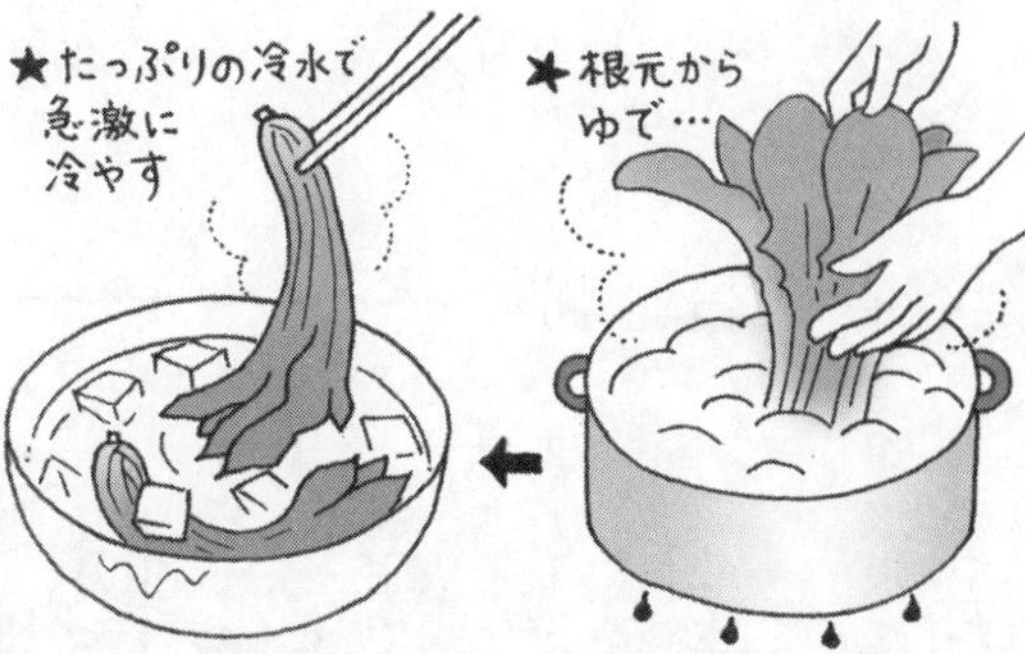

もうひと手間！

●割りじょうゆで味をつける

しょうゆ(大さじ2)、だし汁(大さじ3)を混ぜた「割りじょうゆ」を作り冷やしておく。ほうれん草を器に盛り削り節をのせ、割りじょうゆをかけていただく。しょうゆだけで食べるより上品な味わいに。

ここがポイント！

●根元からゆでる

ほうれん草は茎と葉のかたさがちがうため、時間差で湯に入れるのが均一にゆであげるコツ。

●急激に冷やす

ほうれん草のアク「シュウ酸」を取り除くため、ゆであがったら必ず冷水に取ること。

焦げが気にならない！

ホイル包み式焼きなす

①なすの皮に、ところどころ竹串で穴をあける。ヘタはつけたまま、ガクだけをくるりと包丁で切り取る。

②アルミホイルで1個ずつ包み、熱した焼き網の上で、転がしながら火を通す。さわってみて全体がやわらかくなればOK。

③氷水に②を入れ、冷めたらホイルをはずし、皮をむく。片手でヘタを持ち、竹串(手でもいい)で身をタテに裂き、ヘタを包丁で落とす。

■材料(2人分)

なす……………………3個
おろししょうが……適量
しょうゆ……………適量

焼きなす入りそうめんは夏にピッタリ！

ホイルで包むから焦げる心配なし！

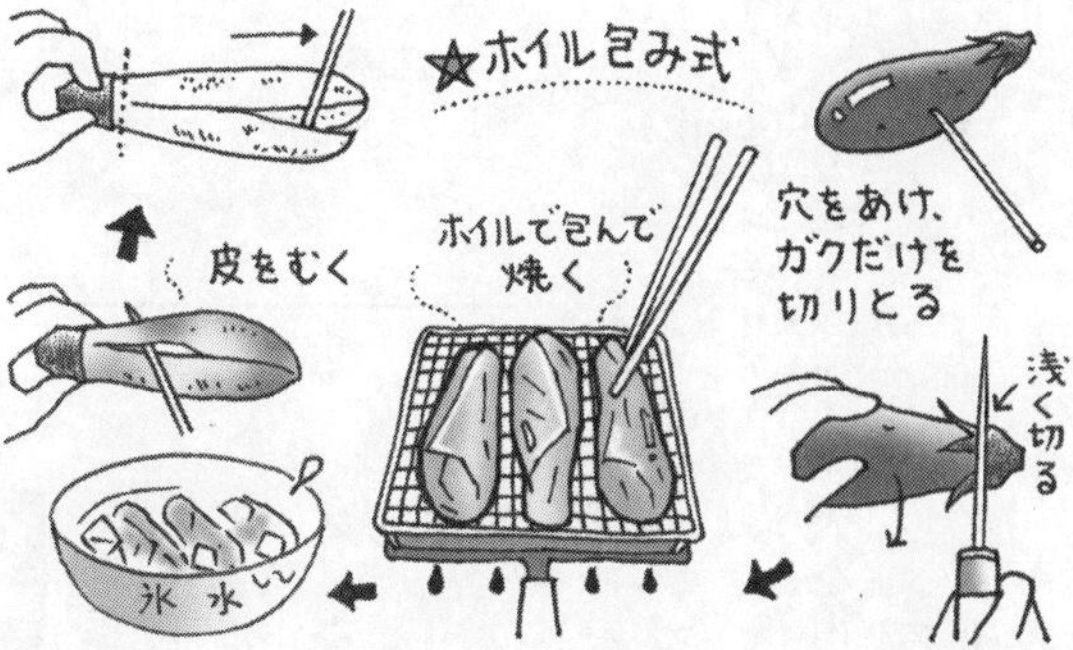
☆ホイル包み式
穴をあけ、ガクだけを切りとる
浅く切る
ホイルで包んで焼く
皮をむく
氷水

メニューアレンジ

●焼きなす入りぶっかけそうめん

焼きなすは手順どおりに作り、冷蔵庫で冷やす。そうめんはゆでて冷水で冷やし、大きな器に盛る。その上から冷たいめんつゆをかけ、焼きなす、おろししょうが、ねぎ、削り節をのせていただく。

ここがポイント！

●強火で焼く

弱火で長く焼いていると旨味が逃げてまずくなる。強火でいっきに焼くと、皮もうまくむける。

●ホイルごと冷水に

焼いたなすは水に長く浸けると水っぽくなってしまうので、ホイルに包んだまま冷水で冷やす。

余熱調理でラククラク!

ほったらか式里いもの煮ころがし

■材料(2人分)

里いも……………8〜10個
A ┌ だし汁………1カップ
 │ 砂糖…………㊅1
 └ しょうゆ……㊅2

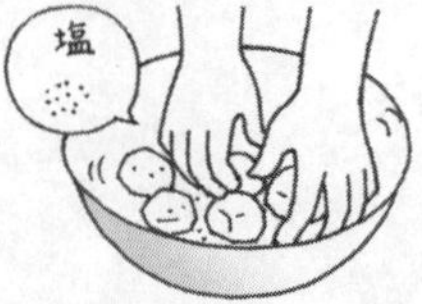

塩もみでヌメリを取る

①里いもの皮をむき、少しの塩でよくもんでヌメリを出し、水で洗う。

②鍋にAの煮汁を入れて火にかけ、①を加えて落としぶたをして煮る。沸騰したら火を弱め鍋のフタをぴったり閉じて3分煮る。

③火を止め、冷めるまで放っておく。食べる前にもう一度、強火にかけ、鍋をゆすりながら煮汁を煮詰める。

余熱を使って、時間も手間も短縮！

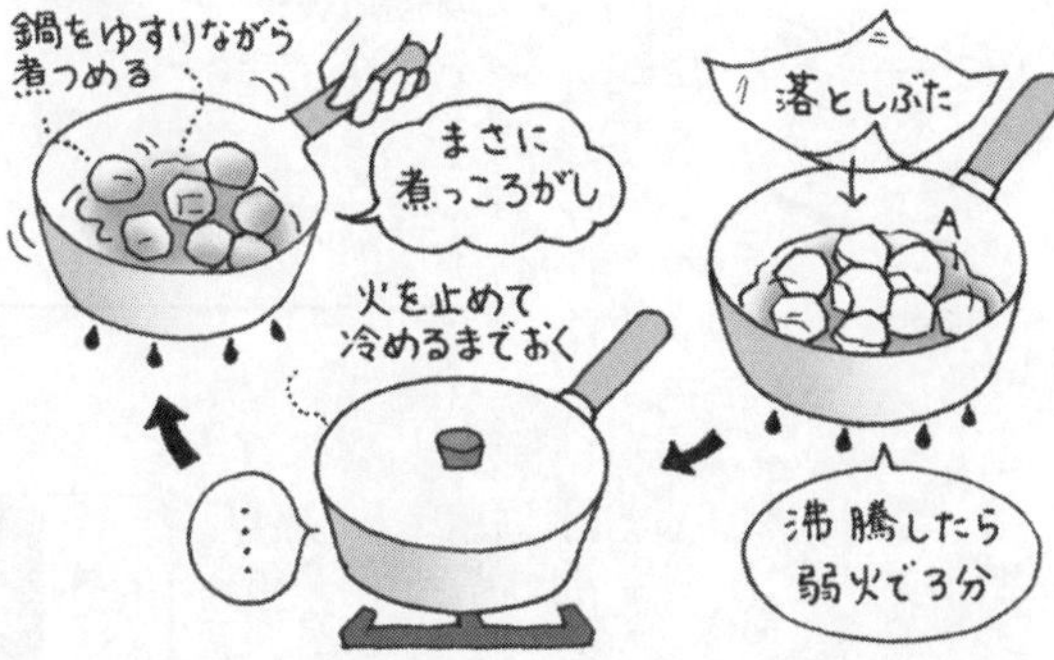
鍋をゆすりながら
煮つめる
まさに
煮っころがし
火を止めて
冷めるまでおく
……
落としぶた
A
沸騰したら
弱火で3分

おばあちゃんの知恵

●手がかゆくなる人は

里いもは、洗って泥を落としたら生乾きに乾かしてから調理すると、手が痒《かゆ》くならない。

●米のとぎ汁で下ゆで

米のとぎ汁で里いもを下ゆでると、ヌメリが取れ、煮汁の味がよくしみこむ。

ここがポイント！

●塩もみしてから洗う

里いもの皮をむいたあと、先に水洗いはダメ。塩もみしてヌメリを取ってからでないとヌメリが止まらず、厄介なことに。

●落としぶたをする

少ない煮汁で火を通すため落としぶたは必須。アルミホイルを使う手も。

熱いつゆをかけて！

簡単ぶっかけ揚げだし豆腐

■材料（2人分）

豆腐……………………1丁
片栗粉…………………適量
めんつゆ（市販）……適量
大根おろし……………適量

豆腐はしっかり水切りして

①豆腐（木綿・絹ごしどちらでもよい）を水切りし、4等分に切る。

②豆腐に片栗粉をまぶし、170℃に熱した揚げ油で揚げる。きつね色になったら、取り出す。

③揚げだし豆腐を器に入れ、熱々に温めためんつゆを上からかける（濃縮タイプの場合は、水で割って使う）。大根おろしをそえる。

あっさりした豆腐も油で揚げればボリュームおかずに

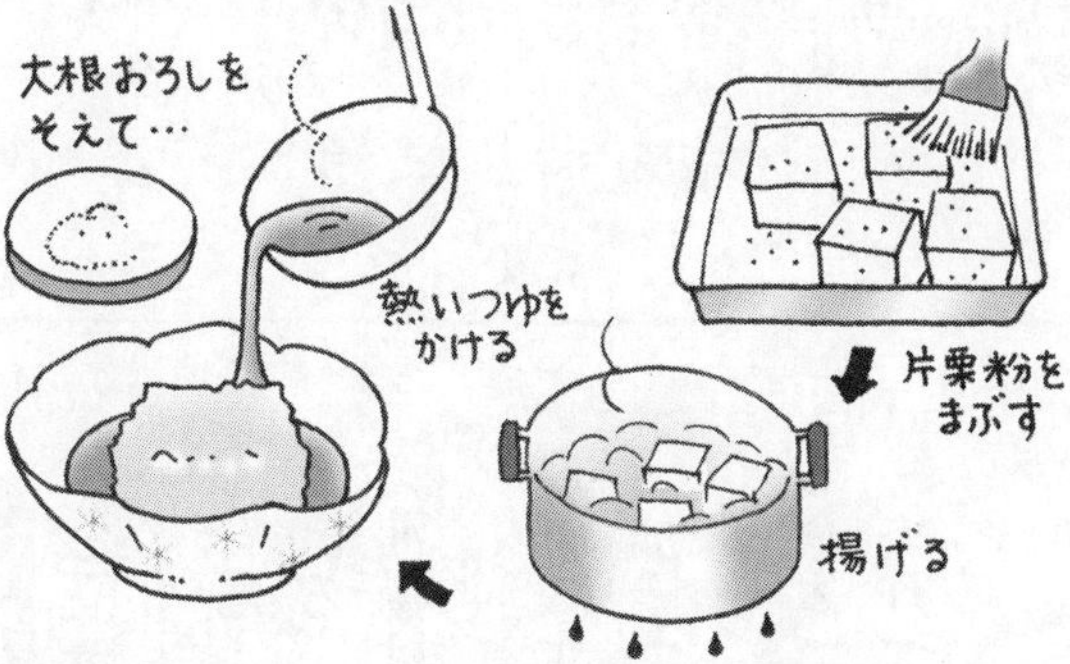

もうひと手間！

●あんかけにする

煮立てためんつゆに、水溶き片栗粉を加えとろみをつけ、あんかけにするとより本格的。

●野菜を揚げて添える

ししとうなど野菜を揚げてそえれば彩り豊か。ししとうは、爆発防止に小さな穴をあけて。

ここがポイント！

●豆腐の水切り

90%が水分である豆腐をおいしく調理するには、「水切り」の下処理が肝心。いろいろな方法があるが、電子レンジで水切りすると早い。豆腐をペーパータオルで包み、耐熱皿にのせて1〜2分加熱するだけ。時間は様子を見ながら調節する。

■材料（2人分）

ひじき（乾燥）……25g
油揚げ …………½枚
にんじん ………¼本
酒 ………………㊅2

A
だし汁……½カップ
みりん……㊅1
しょうゆ…㊅2
砂糖………㋷1

乾物メニューの代表格！

ササッとひじきの煮もの

①ひじきは水に20～30分浸けて戻し、水気をしぼる。にんじんは皮をむいて細切りにする。油揚げは熱湯をかけて油抜きし、細切りに。

②鍋に油を熱し、ひじき、にんじん、油揚げを加えて炒める。

③全体に油が回ったら、酒をふり、Aの煮汁を入れて、汁気がなくなるまで炒り煮する。

3

パパッと豪快に！

基本の【中華】メニュー

中華料理といったって、特別気合を入れなくても大丈夫。家庭用のガスコンロでもＯＫ。ちょっとしたコツを覚えて、中華街の味を再現してみましょう。

■材料（2人分）

A
- しょうゆ……(大)1
- 酒……………(大)1
- 砂糖…………(小)1

豚薄切り肉………130g
ピーマン…………4個
たけのこ水煮……70g
おろししょうが……1かけ分

歯ごたえシャッキリ！

大きめカットの青椒肉絲《チンジャオロースー》

①豚肉を一口大に切り、ボウルに入れる。酒と片栗粉（分量外・各大さじ1）、おろししょうが、塩少々を加え、手もみしておく。ピーマン、たけのこをマッチ棒状に切る。

②油を熱した中華鍋に①の豚肉を入れて強火で炒め、肉の色が変わったら①で切ったピーマン、たけのこを加えて全体を炒める。

③Aの合わせ調味料を中華鍋に加え、全体にからませるようにサッと炒める。

シャキッとした歯ごたえにするには、強火で手早く炒めること

もうひと手間!

●紹興酒を使う

肉の臭み消しに、紹興酒《しょうこうしゅ》を使うと、さらに本格派の味わいに。

●オイスターソースも

Aの合わせ調味料のしょうゆを半量にし、もう半分をオイスターソースに替えるとグッと風味が増す。

ここがポイント!

●材料は太くていい

肉も野菜もマッチ棒の幅にそろえて切るのが青椒肉絲の基本だが、細切りするのがおっくうなら、多少太めに切ってもOK。味そのものはかわりない。ただし、火の通りを均一にするため、たけのことピーマンは同じ幅に切りそろえておこう。

■材料（2人分）

豆腐	1丁	片栗粉	㊕1½
豚ひき肉	130g	ごま油	少量
ねぎ	½本	A 鶏ガラスープの素	㊕2
しょうが	½かけ	A 酒	㊀1
にんにく	1かけ	A 砂糖	㊕2
豆板醤	㊕2	A しょうゆ	㊕2

覚えてしまえば楽勝！

レトルトじゃない麻婆豆腐

①材料を切る。豆腐は2㎝角に、ねぎ・しょうが・にんにくはみじん切りに。片栗粉は同量の水で溶いておく。

②中華鍋に油を熱し、ねぎ、しょうが、にんにく、豆板醤《トウバンジャン》を入れて炒め、香りが立ったら豚ひき肉を加えてポロポロになるまで炒める。

③Aの調味料、水200㎖を中華鍋に入れ、煮立ったら豆腐を加える。①の水溶き片栗粉を入れて大きく混ぜ、最後にごま油をたらす。

レトルトを使うなら、このひと手間で本格的に！

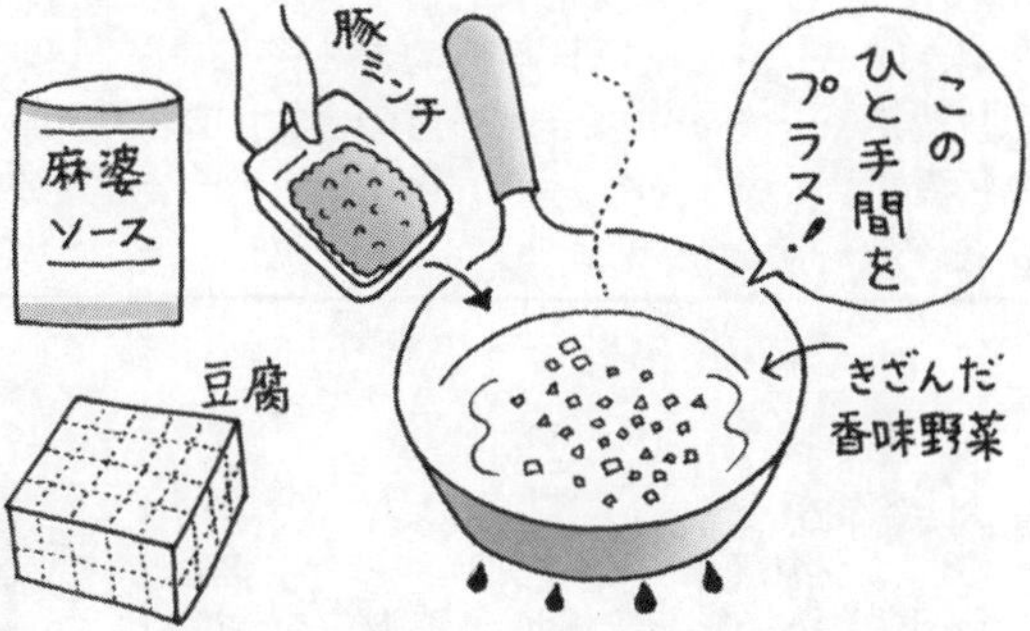

バリエーション

●麻婆なす

麻婆豆腐の豆腐をなすにかえれば、麻婆なすができる。なすはタテ半分に切ってから、さらに2回タテ半分に切り、8等分にする。右のレシピの手順②で、豚肉を炒めるときに中華鍋に加えて炒めればいい。

ここがポイント！

●超初心者はレトルトでも

料理ビギナーは、レトルトの麻婆豆腐ソースを使って作ってみよう。

手順①～②までは右のレシピどおりに進め、③でレトルトのソースと豆腐を加えて煮立てればOK！豆板醤は、お好みで、加えても加えなくても大丈夫。

■材料（2人分）

豚ロース薄切り肉	200g	にんじん	1本
にんにく	1かけ	ピーマン	2個
A 溶き卵	1個分	玉ねぎ	1個
A 片栗粉	㊅2	酢豚の合わせ調味料（市販）	人数分
A 小麦粉	㊅2		
ごま油	㊅3		

油で揚げない！

あっさり酢豚

①豚肉の薄切りに塩、こしょう、にんにくのすりおろしをもみこんで下味をつける。Aをボウルに入れて合わせ、肉にからめる。

②ごま油を熱したフライパンで一口大に丸めた①を焼き、火が通ったら取り出す。油を足し、一口大に切ったにんじん、玉ねぎ、ピーマンを炒める。

③肉をフライパンに戻し、市販の酢豚の合わせ調味料を加え、ひと煮立ちさせる。

市販の調味料を使わないなら、この配合で

各大さじ3
酢
ケチャップ
砂糖
酒・しょうゆ 少々
水溶き片栗粉

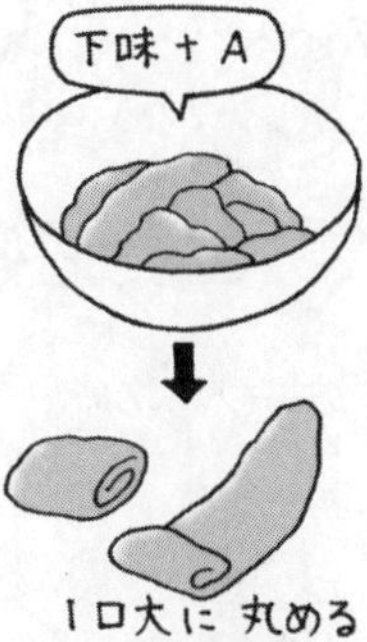
☆家にある調味料で！
下味＋A
1口大に 丸める

薄切り肉を丸めて
焼くのがコツ！

もうひと手間!

●調味料から作る

市販の合わせ調味料で上手にできたら、次は自分で味付けを。酢、ケチャップ、砂糖(各大さじ3)、酒、しょうゆ各少々を混ぜておき手順③で加える。水溶き片栗粉を少しずつ入れながら混ぜ、とろみがつけば完成。

ここがポイント!

●薄切り肉を使う

かたまり肉を薄切り肉に替え、揚げずに焼いて作る手抜きワザ。薄切り肉でも、丸めて焼けばボリューム感満点。

●甘味づけには

砂糖のかわりにパイナップル缶の汁や、はちみつで甘味を加えても美味。

包丁&まな板不要!

ホントに3分ニラもやし炒め

■材料(2人分)

ニラ	1束
もやし	1袋
豚ひき肉	100g
にんにく(チューブ)	適量
しょうが(チューブ)	適量
ごま油	㊅2

チューブのにんにく・しょうがを使えば簡単

①もやしは洗って水を切る。キッチンばさみを使い、ニラをもやしと同じ長さに切る。

②油を熱した鍋に豚ひき肉を入れて炒める。焼き色がついたら、にんにくとしょうがを入れる(もちろん、すりおろしたものでもよい)。

③もやしとニラを入れていっきに炒める。塩、こしょうで味をととのえ、最後にごま油をたらして、ざっとかきまぜる。

豆板醤やテンメンジャンを加えて炒めても美味

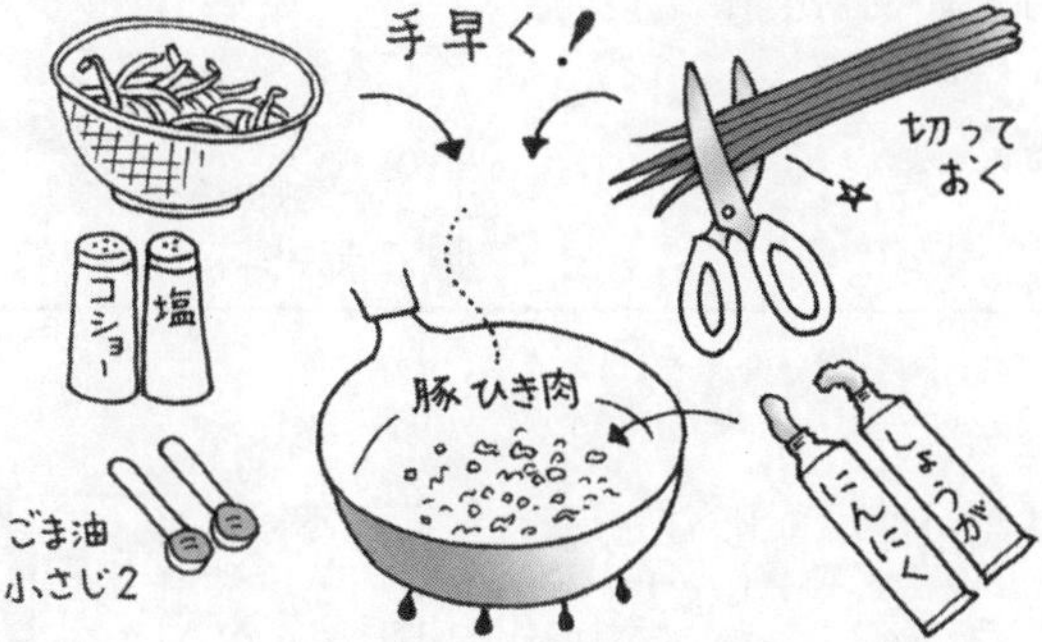

バリエーション

●スタミナたっぷり鶏レバニラ炒め

鶏レバーを一口大の薄切りにして塩水に浸け、10分ほど血抜きする。水気をふき、酒としょうゆをもみ込んで下味をつけ、片栗粉を軽くまぶす。これを豚肉のかわりに「手順②」で加えて炒めればOK！

ここがポイント！

●野菜を炒めすぎない

ニラももやしも、火の通りが早い。シャキシャキの歯ごたえを残すには、いつまでもモタモタ炒めてはダメ。

ニラともやしをフライパンに入れたら、下から大きくまぜ返すようにして炒め、手早く味付けをすること。

半月に包むだけ！
味は本格ジューシー餃子

■材料（2人分）

餃子の皮……12枚		A	しょうがすりおろし……少量
豚ひき肉……150g		A	にんにくすりおろし……少量
キャベツ……2枚		A	しょうゆ………小1
にら…………1束		A	ごま油…………小½

①キャベツ、ニラをみじん切りにし、塩をふってしんなりさせたらしぼり、水気を切る。豚ひき肉にキャベツとニラ、Aを加えてまぜる。

②①のたねを12等分する。餃子の皮を広げてたねを置き、皮を二つ折りにしたら、端に水をつけてとめる。

③油を熱したフライパンに②を並べて水を加え、フタをして1～2分蒸し焼きにする。フタを取り、水気を飛ばして焼き色をつける。

ヒダなしなら包むのもラクラク

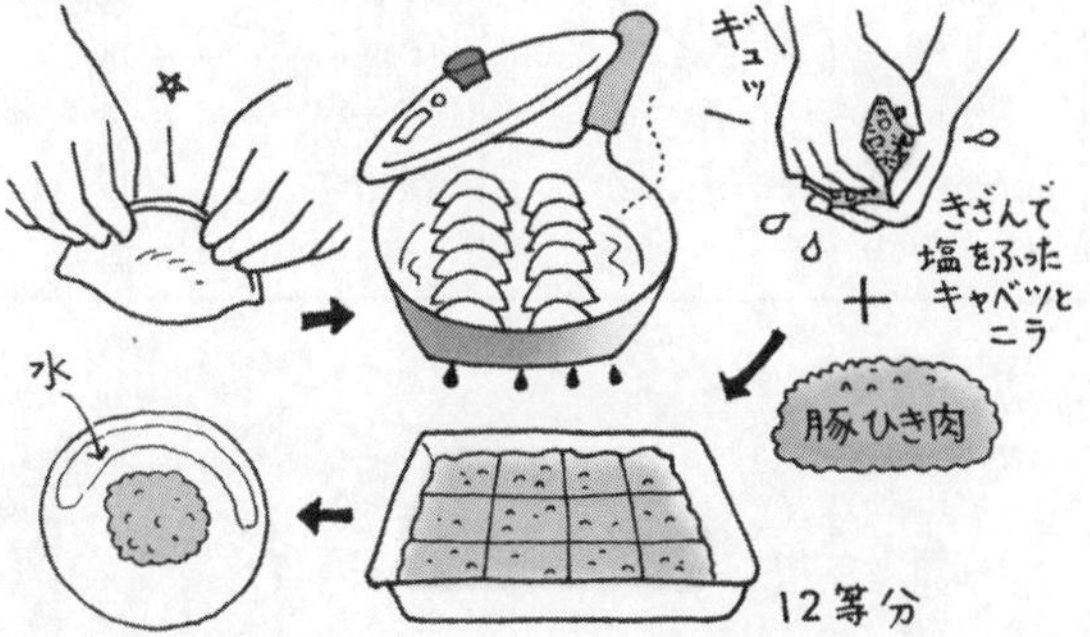

メニューアレンジ

●あまった餃子の皮でミニピザ風

小麦粉を少量の水で溶きのり状にして、餃子の皮に塗り二枚重ねにする。皮にケチャップを塗り、玉ねぎスライス、ベーコン、溶けるチーズをのせてトースターで焼く。ビールやワインのお供に。

ここがポイント！

●包み方で時間短縮

皮にきれいなヒダを寄せて包むのは面倒なもの。ヒダなしの半円形にすれば、作業時間の短縮に。

●皮は二枚重ねにしても

餃子の皮に薄く水をつけて2枚重ね、めん棒でのばして使うと、よりモチッとしておいしくなる。

レンジで3分！ クイック海老チリ

■材料（2人分）

えび……………………12尾

A
- 酒…………………(大)1
- しょうが･にんにくの すりおろし……少量
- ケチャップ………(大)2
- しょうゆ…………(大)½
- 豆板醤…………(小)1
- 片栗粉…………(大)½
- 砂糖……………(小)1
- ごま油…………(大)1
- 長ねぎみじん切り ……………8㎝

①えびはカラをむき、背側に1〜2㎜深さの切り込みを入れる。背わたを取り除く。

②えび、Aの材料、水（カップ⅓）をボウルに入れてよく混ぜ合わせる。

③②にラップをかけて、電子レンジ（600w）で3分加熱する。取り出してかき混ぜ、様子を見ながら1分加熱する。

ボウルでまぜて、チンするだけの簡単レシピ

1度出して
かきまぜます
まぜて
・・・
Aのソース
ラップしてチン！
だけ
!?
耐熱ボウル

調理メモ

●背わたの取り方

★竹串でとる場合

エビを丸めるように
して、竹串をカラの間に
刺し、背ワタをぬきます。

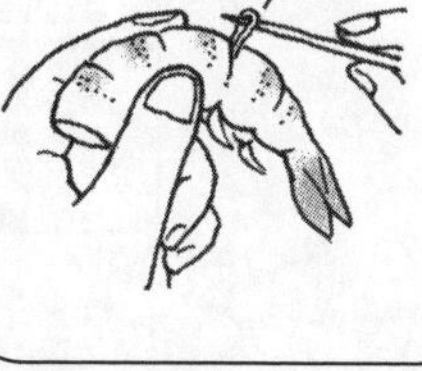

ここがポイント！

●調味料に片栗粉をイン

初心者が失敗しやすいのは、片栗粉でのとろみづけ。最初から合わせ調味料に混ぜておけば簡単。

●味付けの調整は

味の好みは、豆板醤とケチャップでお好みに。辛めが好きなら、豆板醤を多めにすればいい。

■材料（2人分）

かに風味かまぼこ	4本	A	片栗粉	大1
豚ひき肉	200g	A	しょうゆ	小1
ねぎ	¼本	A	酒	大1
シューマイの皮	10枚	A	サラダ油	小1
		A	塩・こしょう	少々

安くても本格手作り！

なんちゃってかにシューマイ

①かに風味かまぼこは細かく切り、手でほぐす。

②①のかまぼこ、豚ひき肉、ねぎのみじん切り、Aをボウルに入れて練《ね》る。

③②を10等分してシューマイの皮で包み、湯気の立った蒸し器で10〜12分蒸す。

卵パックでさらに簡単に！

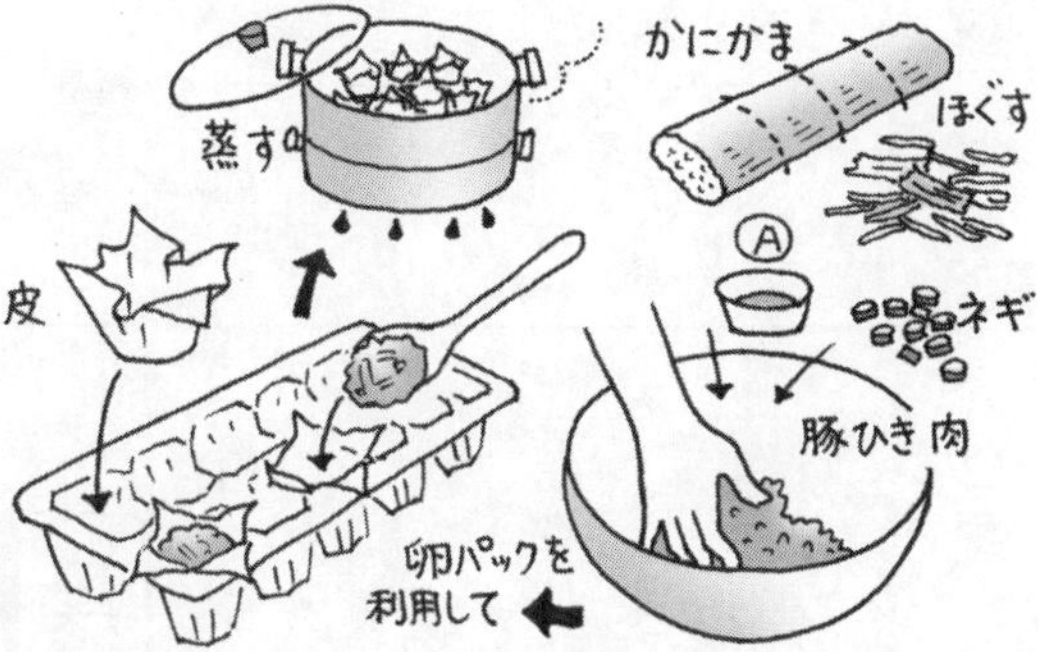

メニューアレンジ

●残ったら揚げシューマイに

一度ふかしたシューマイは、再加熱すると皮がやわらかくなりすぎておいしくない。残したシューマイは油で揚げるとカラリとしてうまさがよみがえる。カレー粉をふり、カレー風味にリメイクしても。

裏ワザ！

●卵パックを利用

たねをあらかじめ等分するのは面倒くさいもの。とはいえ、等分しないとシューマイの大きさがバラバラになってしまう。均一に作るには、空の卵パックが便利。卵ケースに皮を敷き、中にたねを入れて包む。あとは手で形を整えるだけ。

■材料（2人分）

シーフードミックス（冷凍）	60g
豚薄切り肉	50g
チンゲン菜	½束
にんじん	¼本
中華だし（顆粒）	㊓1
しょうゆ	少々
水溶き片栗粉	㊔2
ごま油	適量

シーフードミックスで作る！

具だくさん八宝菜

①フライパンにごま油を熱し、シーフードミックス、一口大に切った豚肉、いちょう切りにしたにんじんを入れて炒める。

②全体に火が通ったら、そぎ切りにしたチンゲン菜を加え、さっと炒め合わせる。

③フライパンに水大さじ2、中華だし、しょうゆ少々を加える。塩、こしょうで味をととのえ、最後に水溶き片栗粉でとろみをつける。

アイデアしだいでいろいろな料理に変身！

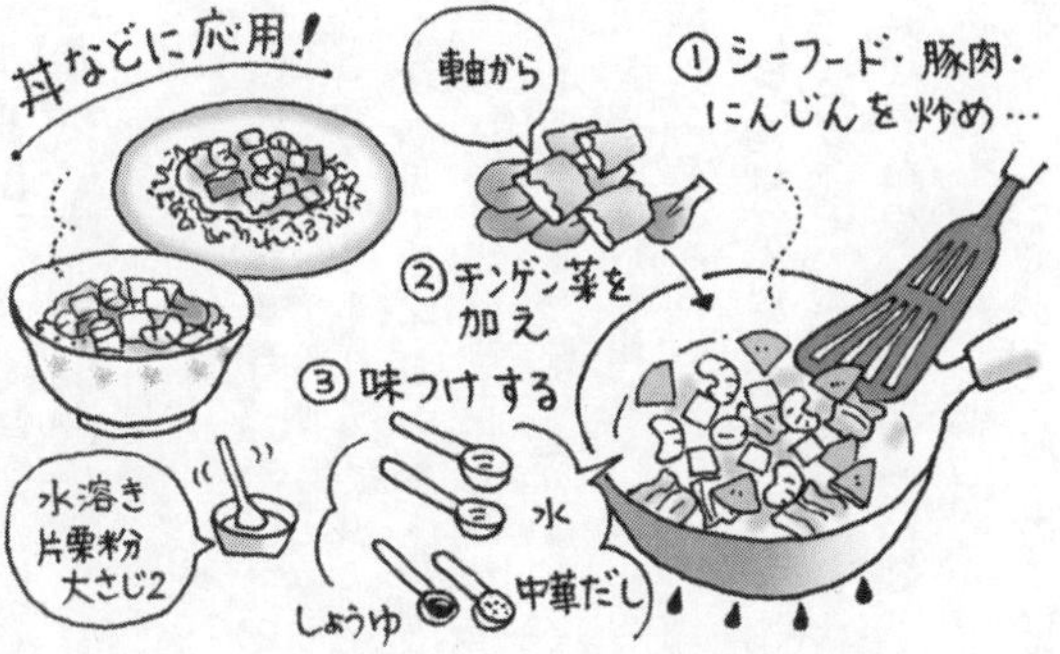
丼などに応用！
軸から
①シーフード・豚肉・にんじんを炒め…
②チンゲン菜を加え
③味つけする
水溶き片栗粉大さじ2
水
中華だし
しょうゆ

もうひと手間！

●うずらの卵ときくらげ

うずらのゆで卵（缶詰）ときくらげを入れると本格的。乾燥きくらげは水に戻して使う。

●中華丼にしても

丼ごはんに八宝菜をかければ中華丼、かた焼きそばにかければあんかけやきそばになる。

ここがポイント！

●シーフードミックスは電子レンジで解凍

材料を切っている間に、シーフードミックスを電子レンジで解凍しておくと、手際よく調理できる。

●水溶き片栗粉の割合は

片栗粉：水＝1：2が基本。よく溶かしてから鍋に少しずつ入れるのがコツ。

おいしい豆知識①

電子レンジ〈超〉活用術 解凍&温め編

肉と魚をおいしく解凍するコツ

肉も魚も、中心部がまだ少し凍っている状態まで電子レンジで解凍したら、あとは自然解凍させるのが基本。加熱しすぎると旨味が逃げてしまうので、ときどき取り出して、様子を見ながら解凍するといい。

〝しっとり系〟料理はラップをかぶせて加熱

料理を温めなおす際、しっとりと仕上げたいものには、ラップをかけて加熱する。とくに〝水分命〟のごはんや煮物などは、ぴっちりラップをかぶせること。

〝カラリ系〟料理にはラップをかぶせない

揚げ物、炒め物など水分を飛ばしたいものは、ラップをかけずに加熱する。炒め物は、皿に平らになるよう広げると、早く加熱できて上手に温められる。

パンを焼きたてフワフワの状態にするには

惣菜パンやバターロールなど、トースターを使わず温めたいときは、濡らして固くしぼったペーパータオルで包んで加熱するといい。焼きたてのようにふんわりやわらかく温まる。

4

元気もりもり！
基本の【お肉】メニュー

ボリュームたっぷり、スタミナ満点の肉料理。すじの切り方や臭みの抜き方など、肉のあつかい方の基礎から学べば、誰もが大満足の料理に仕上がります。

厚めの肉には切り込みを

■材料（2人分）

豚ロース薄切り肉…300g

A
- おろししょうが……………㊅2
- しょうゆ………㊅2
- みりん…………㊅2
- 酒………………㊇1

タレを混ぜて焼くだけ！

失敗しようがない**豚しょうが焼き**

①Aの材料をまぜ、そこに豚肉を漬け込んでおく。30分くらいが目安。

②熱したフライパンに油をなじませたら、豚肉を入れて両面、色よく焼く。

③残ったタレをフライパンに入れ、全体にからませるようにまぜながら焼く。

肉にしっかり味をしみ込ませて

バリエーション

●牛肉のしょうが焼き

しょうがは、牛肉とも相性バツグン。牛薄切り肉をフライパンでさっと炒め、千切りにしたしょうがを加えて炒める。しょうゆ少々、塩、こしょうで味付けすれば完成。ししとうをいっしょに炒めると彩りもよく、美味。

もうひと手間!

●ねぎで香りをつける

ねぎの青い部分を斜め細切りにし、油をなじませたフライパンで軽く炒める。そこに豚肉を入れて炒めると風味がアップ!

●厚めの肉なら

厚めの豚肉を使うときは、肉と脂身の境目に包丁を入れると肉が縮まない。

放っとけばうまくなる！

あせらない**豚の角煮**

■材料（2人分）

豚バラ塊肉…………600g
しょうが…………… 1かけ
長ねぎの青い部分… 1本分
A 酒………………½カップ
A はちみつ………(大)2
A しょうゆ………(大)3

最後にゆで卵を入れれば煮卵もできる

①肉は5㎝角に切り、フライパンで焼き色がつくまで焼く。

②①を鍋に移し、肉が隠れるくらいの水、酒少量（分量外）、薄切りしょうがを入れて、コトコト30分くらい煮る。一晩放っておく。

③②の鍋に浮いた脂を取り除き、水400㎖、Aの調味料、ねぎを入れ、落としぶたをして火にかける。30分煮ればできあがり。放っとけばうまくなる

余熱を利用すれば手間も半減

おばあちゃんの知恵

●落としぶたをするのは?

落としぶたは、鍋より一回り小さく。このフタに煮汁があたって上下に回り、味がよくしみこむ。また、材料の動きが抑えられるので煮崩れを防ぐ効果も。ない場合は、アルミホイルを鍋より少さめに切って使う。

ここがポイント!

●放っておく

豚の角煮は、通常のレシピで作れば、半日近くかかってしまう。火が通ったら、あとは余熱を利用したほうが合理的で、味の含みもよくなる。コツは、あせらず放っておくこと。その間に、豚肉にしっかり味がついてトロトロになる。

特別な日はやっぱりコレ！

にんにく風味のビーフステーキ

■材料（2人分）

牛ステーキ肉	2枚
にんにく	2かけ
バター	20g
塩・こしょう	適宜
サラダ油	㊅2

肉は常温に戻しておく

①フライパンを弱火にかけ、にんにくの薄切りをサラダ油で炒める。きつね色になったら、にんにくは取り出しておく。

②肉は、焼く直前に塩、こしょうをし、①のフライパンに入れ、強火で焼く。焼き色がついたらひっくり返し、裏面も同様に焼く。

③肉を取り出す。フライパンに残った肉汁にバター、①のにんにく、しょうゆを加えてソースを作り、皿に盛ったステーキにかける。

彩りもきれいなにんじんのグラッセ

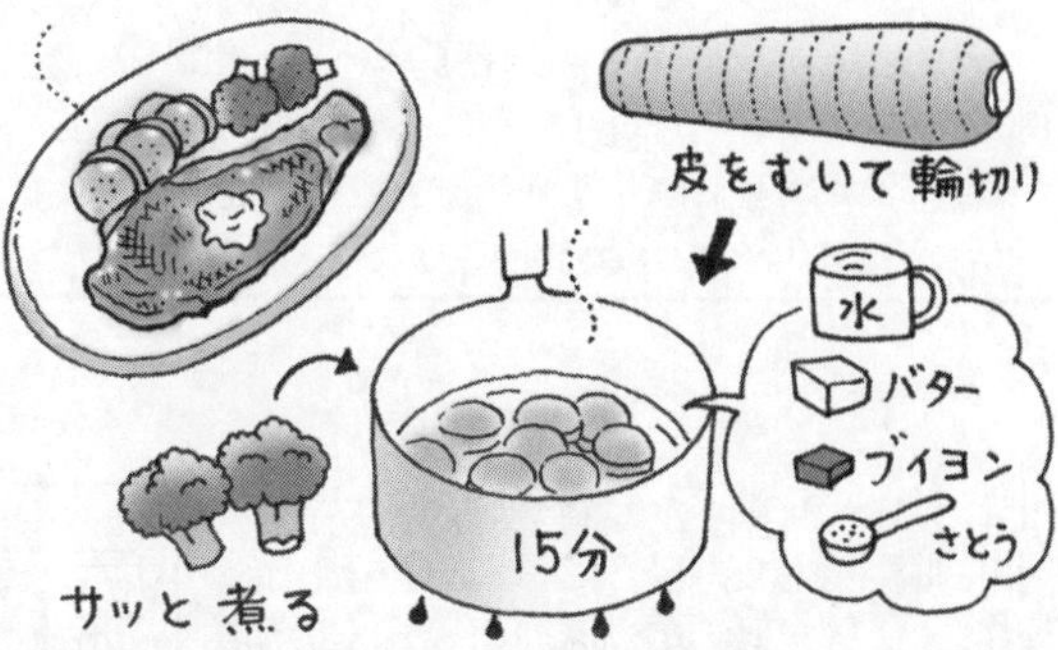
皮をむいて輪切り
水
バター
ブイヨン
さとう
15分
サッと煮る

もうひと手間！

●つけあわせに にんじんのグラッセ

鍋に水200ml、砂糖小さじ1、バター小さじ1、チキンブイヨン半分を入れて火にかけ、にんじん（1㎝の輪切り）を入れて15分煮立てる。あればブロッコリーを加えてひと煮立ちさせても。

ここがポイント！

●かたい肉をやわらかく

ランプ肉などかたい肉は、ビール瓶の底で軽く叩いておく。肉の繊維が砕《くだ》かれてやわらかくなる。

●肉は常温に戻しておく

肉は常温に戻しておくこと。冷たい肉だと外は焼けていても中が冷たいままということに。

■材料（2人分）

豚もつ（下ゆで済み）	200g	しょうゆ	大2
大根	¼本	味噌	大3
ねぎ	1本	砂糖	適量
こんにゃく	1枚		
しょうが	1かけ		
酒	大3		

今日から自慢の一品に！

居酒屋風もつ煮込み

①豚もつは5分くらいゆでこぼす（左頁参照）。大根は薄いいちょう切り、こんにゃくは短冊切り、ねぎはざく切りにする。

②鍋に豚もつ、こんにゃく、野菜類を入れ、ひたひたの水を注ぐ。そこに酒、しょうゆ、砂糖（好みで加減する）を加えて火にかける。

③沸騰したら弱火にし、アクをすくいながら1時間煮込む。煮詰まったら水を足す。味噌を溶き入れ、10分煮込む。

一度冷ますと味がグンとよくしみ込む

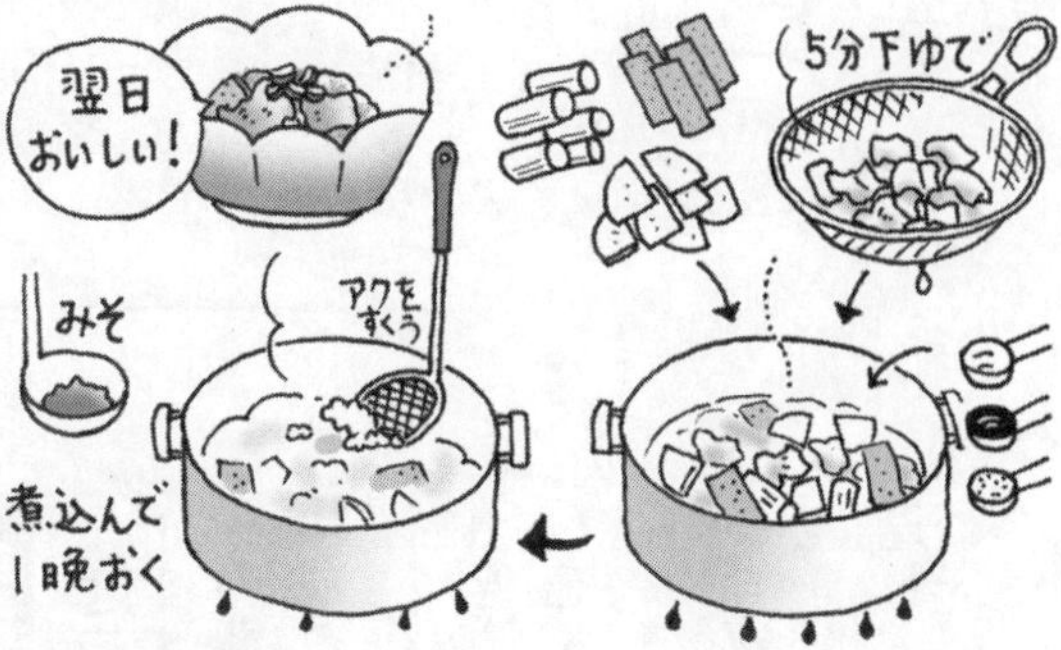

おばあちゃんの知恵

●ゆでこぼす

材料をゆでてその汁を捨てること。アクや臭み、ぬめりを取る下処理で、里いものぬめりとりなどにおこなう。豚もつは「下ゆで済み」のものを買ってきてもまだ臭みが残るので、5分ほどゆでこぼすといい。

もうひと手間!

●煮込んだら冷ます

味噌を入れて煮たあと、いったん冷ましたほうが、味がよく染み込む。一晩置くとさらに美味。

●味噌をブレンドする

味をみながら、赤味噌をまぜたり、コチュジャンを加えてもうまい。甘味は砂糖で調節する。

肉二枚重ね式だから早い！
超スピードトンカツ

①豚の薄切り肉は二枚（好みで三枚）重ねにし、塩、こしょうする。

②Aをよくまぜたものを豚肉にくぐらせ、パン粉をまぶす。

③フライパンに油を入れて中火にかけ、②を3〜4分揚げる。こんがり揚がったらひっくり返し、裏も揚げる。

■材料（2人分）

豚ロース薄切り肉……………6〜8枚

A 小麦粉……㊅2
A 水…………㊅2

パン粉…………適量

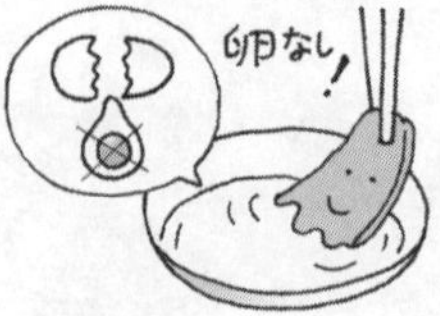

シンプルな衣で時間短縮

火が通りやすいから、揚げ油も少量ですむ

メニューアレンジ

●のっけるだけ ソースカツ丼

トンカツを揚げて、熱いうちに食べやすい大きさに切る。丼《どんぶり》にごはんを盛り、千切りキャベツをのせる。ウスターソースとしょうゆ（好みで）をまぜたタレに熱々のトンカツをくぐらせ、丼に並べる。

ここがポイント！

●薄切り肉を重ねる

トンカツ用の厚い肉を使うより揚げ時間が少なくて済む。肉を重ねればボリュームもたっぷり。

●衣がシンプル

水と小麦粉にくぐらせるだけの超シンプルな衣だから簡単スピーディ。

めんつゆで味付けもラクチン

■材料（2人分）

じゃがいも………2個
牛薄切り肉………100g
玉ねぎ……………½個
しらたき…………80g
めんつゆ（市販）…400㎖

手早くおふくろの味！

10分肉じゃが

①じゃがいもは皮をむいて四つ割りにし、面取《めんと》りする。電子レンジでやわらかくなるまで加熱する（7～8分くらい）。

②油を熱した鍋に牛肉、玉ねぎ、しらたきを入れて中火で炒め、じゃがいもを加えて炒める。

③めんつゆを加え（濃縮タイプの場合は水で割って300㎖）、砂糖やしょうゆで好みに味をととのえ、アクをすくいながら5分煮る。

じゃがいもの面取りで仕上がりに差がつく

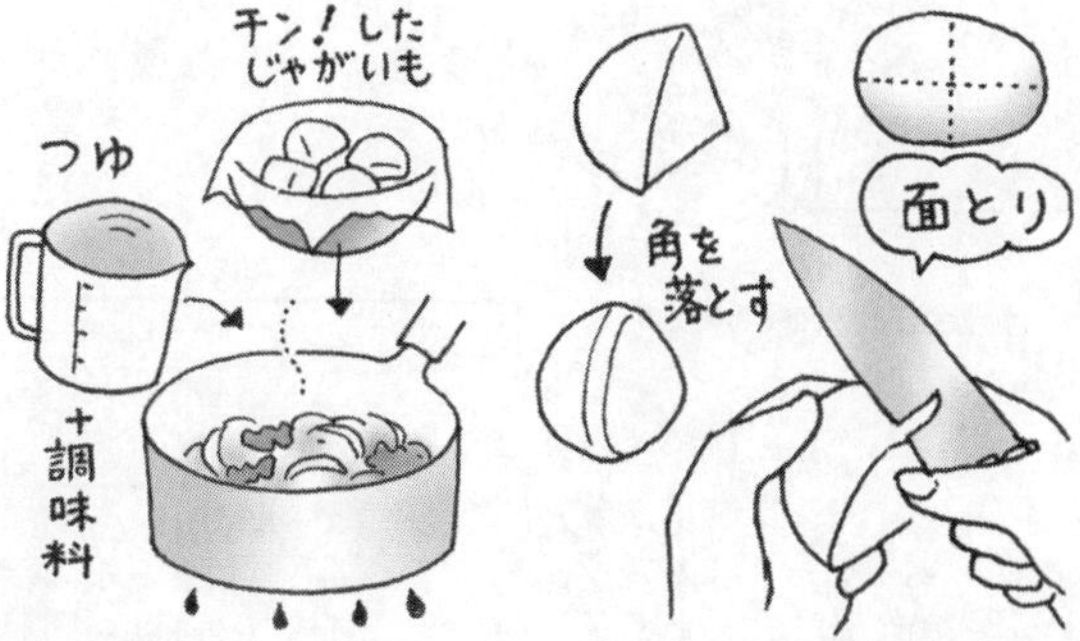

調理メモ

●面取りの方法

煮物などを作るとき、野菜の切り口を包丁で削るようにそぎ取ることを「面取り」という。面取りをするとじゃがいもやかぼちゃなど、やわらかい野菜も煮崩れしにくく、味がよくしみこむ。

ここがポイント！

●レンジで加熱

じゃがいもは電子レンジで加熱してから煮ると、味の含みがよくなる。

●煮汁の量は少なめに

煮汁の量を少なくし、落としぶたをすると旨味が凝縮。落としぶたはアルミホイルや、ペーパータオルでも代用可能。

■材料（2人分）

豚薄切り肉……150g
白菜キムチ……150g
ごま油…………適量
もやし…………1袋

調理台に材料をそろえてから

短時間で炒めるのがコツ！

スピード豚キムチ

①豚肉を食べやすい大きさに切る。キムチはざく切りにする。

②フライパンにごま油を熱し、豚肉を入れて炒める。色が変わったら、もやしを入れて、さらに炒める。

③②にキムチを入れ、サッと炒め合わせる。しょうゆ、塩、こしょうで味をととのえる。

強火でいっきに炒めよう

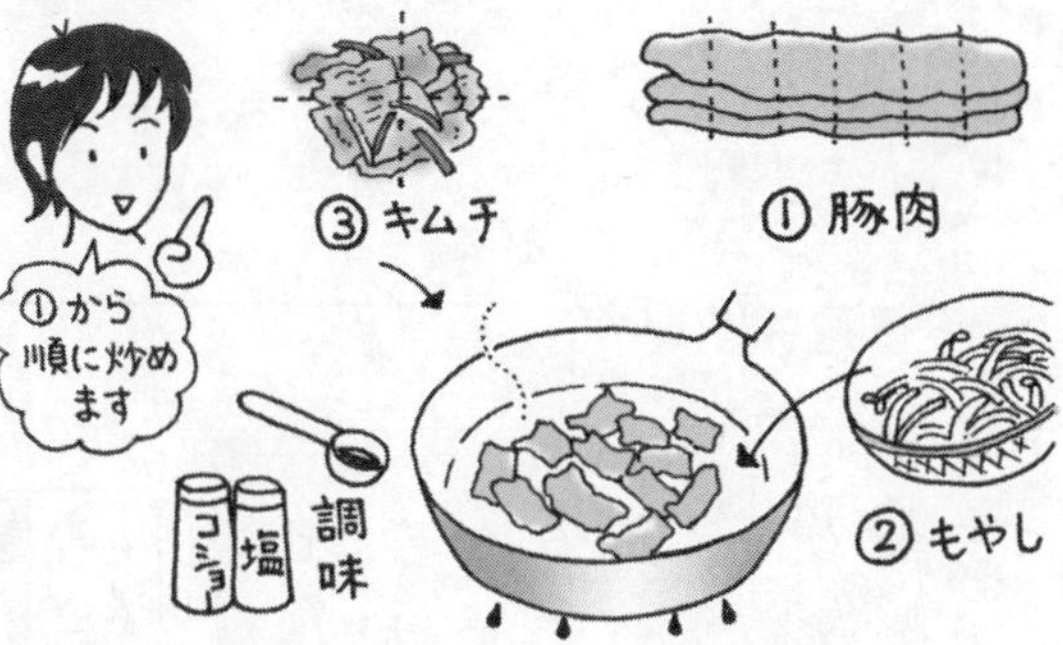
③キムチ
①豚肉
①から順に炒めます
調味
コショウ
塩
②もやし

メニューアレンジ

●豚キムチの残りでピリ辛チャーハン

多めに作ってあまったらチャーハンの具に。豚肉とキムチには火が通っているので、ごはんをパラパラに炒め、最後にざっとあえるだけ。仕上げにごま油を鍋肌から回し入れる。

ここがポイント！

●炒めすぎに注意

もやしもキムチも、炒めすぎると歯ごたえがなくなり、おいしさ半減。強火で手早く炒めること。

●材料をそろえてから

時間勝負の炒めものは、前もって材料や調味料はすべて手元にそろえてから炒めるのが成功のカギ。

火の通りがよくなる!

穴あけ式**鶏の照り焼き**

■材料(2人分)

鶏もも肉………1枚

A
- しょうゆ……(大)1.5
- みりん………(大)1.5
- 酒……………(大)1

はちみつを使うとテリがよくなる

①鶏もも肉は余分な脂身を取り除く。皮を下にして、フォークで全体に穴をあける。Aをボウルにまぜ、鶏肉を漬ける。

②10分ほど下味をつけたら、フライパンに油を熱し、鶏肉を皮を下にして入れ、中火で焼く。

③鶏肉の皮全体に焼き色がついたら裏返し、同様に焼き色がつくまで焼く。Aをフライパンに入れ、強火で煮詰める。

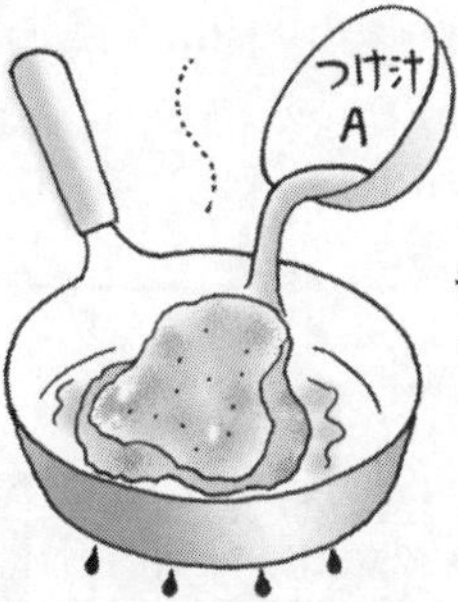

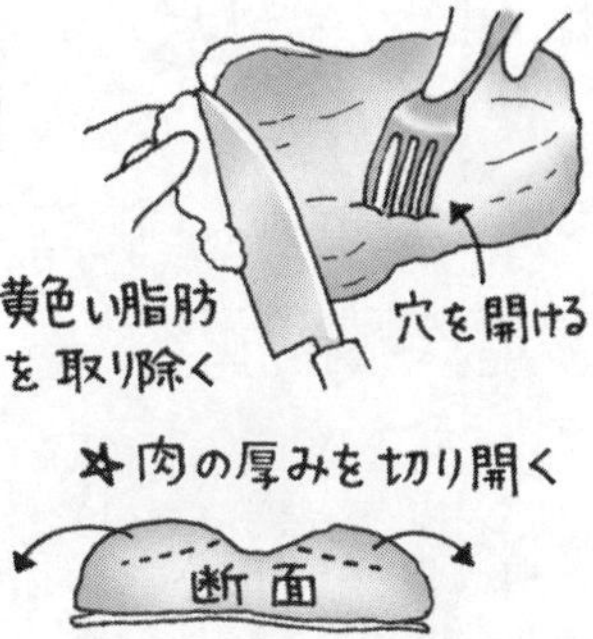

もうひと手間！

●肉の厚みを切り開く

フォークで穴をあけるのは火の通りをよくするためだが、肉に分厚い部分がある場合は、包丁で切り込みを入れ、切った部分を開いておくといい。

こうして厚みを薄く均一にすると、ムラなく短時間で調理できる。

ここがポイント！

●しょうゆとみりんは1:1の分量で

鶏の照り焼きの甘辛い味つけは、しょうゆとみりんを「1:1の同量」と覚えておくと便利。甘い味つけが好みの場合は、最後に砂糖で調節するといい。砂糖のかわりにはちみつを使っても。こっくりとしたテリが出る。

衣を軽く＆材料も節約！

ポリ袋で鶏の唐揚げ

■材料（2人分）

鶏もも肉	150g
A しょうが汁	(小)2
A しょうゆ	(大)1.5
A 酒	(大)2
片栗粉	適量

①鶏もも肉は余分な脂身を取り除き、一口大に切り、ボウルに入れる。Aの材料を加え手でもみ、10分置く。

②①の鶏肉は、汁気を切り、片栗粉を少量入れたポリ袋に入れて軽くもむ。取り出して、片栗粉がついていない部分に、粉をまぶす。

③揚げ油を熱したフライパンに②を入れ、中火で両面をこんがり焼くように揚げる。

少量の油で揚げるには、肉を小さめに切る

ポリ袋で粉をまぶせば、手も汚れない

バリエーション

●カレー風味のスパイシー唐揚げ

片栗粉にカレー粉少しをまぜて揚げると、カレー風味のスパイシー唐揚げに。通常の唐揚げとカレー粉入りの2種類が一度に作れて便利。そのほか、ハーブをまぜるなど、衣の種類はアイデア次第。

ここがポイント！

●ポリ袋を使う

片栗粉が多いとボテッとしてしまう。ポリ袋に少量の片栗粉を入れ、その中でもめば薄づきになり、粉のムダもない。

●生焼けを防ぐには

一度にたくさんの肉を入れないこと。油の温度が下がり生焼けの原因に。

簡単だけど豪快！
おもてなしスペアリブ

■材料（2人分）

スペアリブ……………6本
A ┌ はちみつ…………(大)3
　 │ ケチャップ………(大)2
　 │ ウスターソース…(大)2
　 └ ドライハーブ……適量

好みのハーブを用意して

①スペアリブとAをポリ袋に入れてまぜる。ドライハーブはタイム、ローズマリーなどを好みで。

②①は、ビニールの口を閉じてそのまま半日〜1日置く。

③200℃に熱したオーブンに、②を並べて焼く。タレをスプーンで回しかけ、こんがり焼き色がつけば完成。

下味をしっかりつければ失敗なし！

たれをまわしかけて
焼く
A
ハーブ
袋の空気を
ぬいて
ぴっちりと
こんがり
つやよく
焼く

バリエーション

●スペアリブのフライパン煮

時間がないときは、フライパンで炒め煮する方法も。スペアリブはフライパンで焼き色がつくまで焼く。Aの漬けダレを加えて煮つめる。はちみつのかわりにマーマレードを使ってもうまい。

ここがポイント！

●下味をしっかりつける

スペアリブは、前日から仕込んでおくこと。急ぐときも、２時間以上は味をしみこませる。

●焼き時間は短縮できる

電子レンジで５〜６分漬けダレごと加熱してからオーブンに入れれば、焼き時間の短縮に。

■材料（2人分）

豚ロース肉………80gを2枚
パイナップル缶…輪切り2枚
A
- パイナップル缶の汁㊍2
- ウスターソース……㊍1
- しょうゆ……………少々

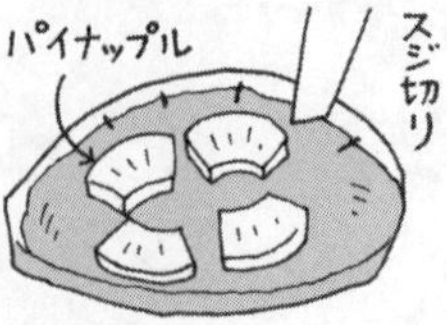

肉をやわらかくするパイナップル

パイナップルソースで！
やわらかポークソテー

①豚肉は、赤身と脂身の境にあるスジを包丁の刃先で4～5か所切り、塩、こしょうする。パイナップルは一口大に切り、肉にのせておく。

②フライパンに油を入れて強火にかけ、①の肉を焼く。焼き色がついたら裏返して同様に。

③肉を皿に移し、あいたフライパンにパイナップルを入れ、両面焼いたら肉の皿に移す。Aを入れて煮つめ、塩で味をととのえる。

簡単・本格派のパイナップルソース

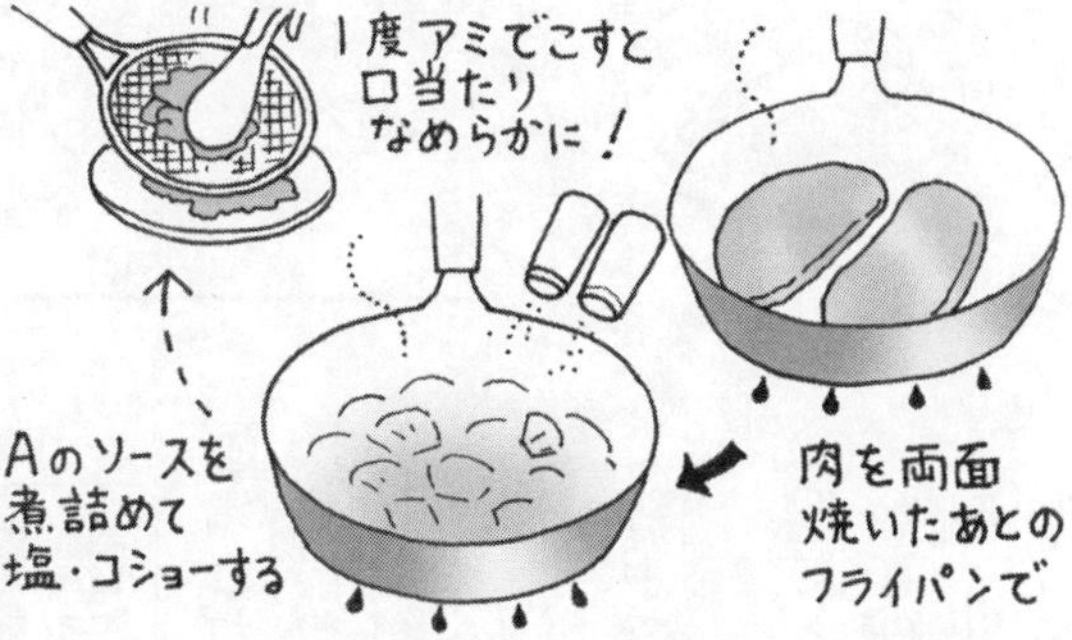
1度アミでこすと
口当たり
なめらかに！
Aのソースを
煮詰めて
塩・コショーする
肉を両面
焼いたあとの
フライパンで

もうひと手間！

●ソースをこす

Aのソースをフライパンで煮つめ、塩、こしょうで味をととのえたら、茶こしなどでこすと、口当たりなめらかな本格ソースになる。仕上げにバター少々をステーキの上にのせてもコクが出て美味。

ここがポイント！

●秘訣はパイナップル

パイナップルは、肉をやわらかくする効果があるので、焼く前に肉の上にのせておくといい。

●焼き時間は片面2分半

厚さ1㎝の肉なら、片面2分半を目安に焼くといい。焼きすぎは固くなるもと。注意しよう。

覚えておけば大活躍！

電子レンジで簡単**蒸し鶏**

■材料(2人分)

鶏むね肉……………………1枚
酒……………………………㊅3
きゅうり……………………1本
ごまドレッシング……適量

香味野菜を添えると風味アップ

①鶏むね肉を耐熱皿に入れ、酒、塩少々をまぶす。ラップをふんわりかけ、途中、上下を返しながら、電子レンジで5〜6分加熱する。

②①を電子レンジから取り出し、粗熱《あらねつ》がとれたら手で細く裂《さ》く。

③器にきゅうりの細切りを敷き、②の蒸し鶏を盛り付け、上からごまドレッシングをかける。

レンジでつくるから手間いらず

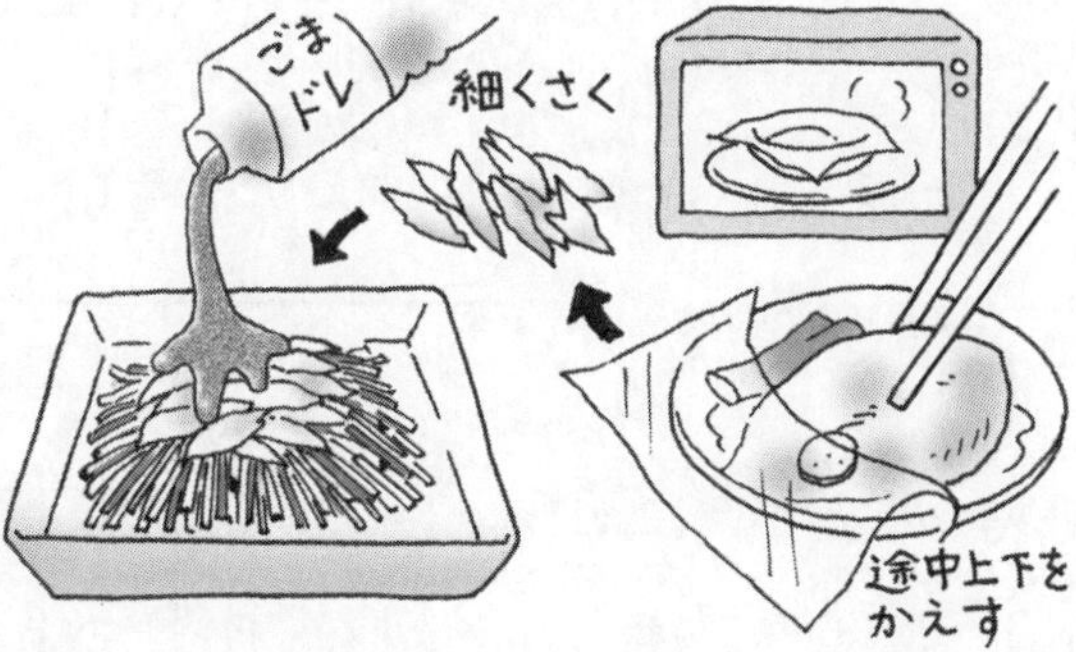

バリエーション

●蒸し鶏の梅肉ソース和え

鶏むね肉を手順どおりに電子レンジで加熱し、身を細く裂いておく。梅干しは種を取り除き、果肉を包丁で叩いてペースト状にする。鶏肉と梅肉をまぜ、しょうゆとみりん(各少少)で味をつける。

ここがポイント!

●香味野菜といっしょに

鶏肉を電子レンジで加熱するとき、ねぎの青い部分、しょうがの薄切り(皮でも可)を加えて加熱すると、鶏肉のくさみが消え、薬味の香りが移って風味がよくなる。青ねぎ、しょうがは捨てる。また、加熱しすぎると肉がパサつくので注意。

肉の旨味が生きている！

こっくり手羽先の煮込み

■材料（2人分）

鶏手羽先…………6本

A
- 酒……………㊅½
- 砂糖…………㊅½
- みりん………㊅1
- しょうゆ……㊅1

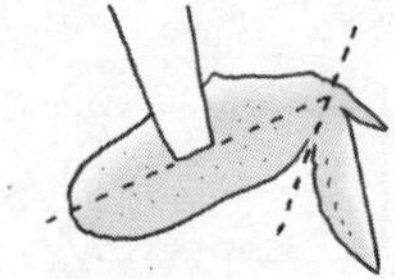

鶏手羽先の切り方

①鶏手羽先の関節に包丁を入れ、半分に切る。フライパンに油を熱し、手羽先に焼き色をつける。

②①のフライパンに水カップ1とAを加えて火にかける。煮立ったら弱火にし、アクを取る。

③落としぶたをして、汁気が少なくなるまで中火の弱で15分煮る。煮汁が少なくなったら、落としぶたの上に、さらにピッタリふたをして煮ると、水分の蒸発を防ぎ、焦げつかない。

5

朝食やお弁当に最適！
基本の【卵】メニュー

安い、おいしい、栄養満点、バリエーション豊富……。三拍子も四拍子もそろった家庭の定番食材「卵」。ふんわり、トロトロ〜のやさしい味をめしあがれ。

■材料（2人分）

卵……………2個
サラダ油……小1

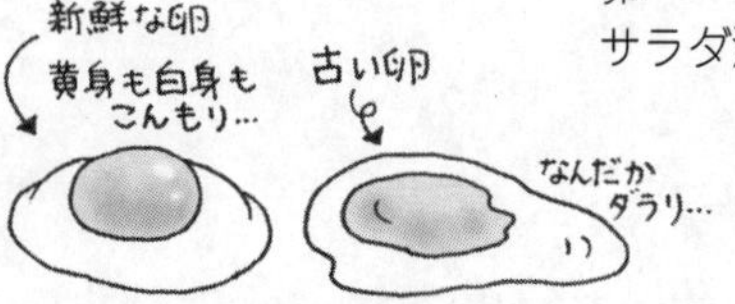
新鮮な卵
黄身も白身も
こんもり…
古い卵
なんだか
ダラリ…

新鮮な卵の見分け方

トロ〜リ黄身がおいしい！

はじめての目玉焼き

①卵を1つずつ、容器に割り入れる。フライパンに油を入れ、中火にかける。

②割っておいた卵を、フライパンに静かに入れる。白身が半熟になったら、大さじ1〜2の水を加え、すぐにフタをする。

③フタをしたまま30秒おいたら火を止める（30秒で黄身が半熟の状態になる）。焼き加減は好みで調節する。

お好みの調味料で召し上がれ！

●オーロラソース
ケチャップ
＋
マヨネーズ
お好みの調味料で
●塩・コショー
シンプルに
S
P
●しょうゆや
ソース
●サラダ用の
ドレッシング

もうひと手間！

●ベーコンエッグ

フライパンに油を熱し、ベーコンを焼く。両面を軽く焼いたら、あとは手順どおりに卵を入れて焼けばいい。

●ハムエッグ

ハムは生でも食べられるのでハムを入れたらすぐに卵を入れてOK。

ここがポイント！

●卵は器に割っておく

フライパンに直接、卵を割り入れると失敗しやすい。小さな容器に卵を割っておこう。

●蒸し焼きにする

少量の水で蒸し焼きにするのが上手に作るコツ。フタをしないと油がはねるので注意。

余熱で蒸らすだけ！
ほったらか式ゆで卵

■材料（2人分）

卵……2個

① 鍋に卵を入れ、卵がかくれる程度に水を入れて火にかける。黄身が真ん中にくるよう、ときどきさい箸で卵を転がす。

② 鍋の湯が沸騰したら火を止め、フタをして余熱で卵に火を通す。5～6分で半熟卵になる。15分くらい放っておけば、固ゆで卵になる。

③ 好みのゆで加減になったら水にとり、カラをむく。水に入れるとカラがむきやすくなる。

基本のゆで卵

ゆで卵を使って…
●カナッペに
ソルトクラッカーで
カリカリベーコン
プチトマトとマヨネーズ
アンチョビバター
（バター20gにアンチョビ2枚
おろしニンニク½片分まぜる）
●ミニグラタン
生クリーム大さじ2と
とろけるチーズを
のせて焼く
ゆでたじゃがいも
ホイルケース

プロの技！

●沸騰した鍋に卵を入れ時間を計ればカンペキ

卵を「沸騰した湯」に入れてタイマーをセット。きっちり時間を計れば、ゆで具合は思いのまま！ タイマーが鳴ったら、すぐに水にとること。

6分→とろ〜り黄身
8分→半熟卵
12分→固ゆで卵

裏ワザ！

●カラに穴をあける

卵のお尻（丸いほう）に画びょうで小さな穴をあけておくと、ゆでている間にカラが割れない。

●ゆでたら水にとる

半熟卵のトロトロをキープするには、余熱で黄身が固くなる前に、ゆでたらすぐに水にとること。

■材料(2人分)

卵…………2個
牛乳………㊅1
バター……適量
塩…………少々

とろけるチーズを入れてもgood

混ぜればできちゃう!

ふわとろスクランブルエッグ

①ボウルに卵、牛乳、塩を入れてよくまぜる。フライパンにバターを入れて中火で溶かす。

②バターが半分くらい溶けたら、①の卵を流し入れる。

③木べらで、空気を抱え込むように、大きくかきまぜる。半熟になったら火を止める。

手早くできてボリューム満点。朝食にピッタリ！

バリエーション

●とろけるおいしさ チーズスクランブル

ボウルに基本の材料ととろけるチーズ(ピザ用)を加えてよくまぜる。フライパンにバターを熱し、基本のスクランブルエッグと同様に作る。チーズがとろとろに溶けたら火を止め、熱々を召し上がれ。

ここがポイント！

●強火にしない

強火にすると、バターが焦げたり、卵がすぐに固まってフワフワにならない。火加減は中火。

●早めに火を止める

まだやわらかいかな？と思うくらいで火を止めると、ちょうどよい半熟の状態に仕上がる。

■材料（2人分）

卵………2個
砂糖……㊫2
塩………少々

テフロン加工のフライパンが便利

卵のお花畑みたい！

さい箸4本で作る炒り卵

①卵、砂糖、塩をボウルに入れてよくまぜる。白身を切るようにまぜるのがコツ。

②冷たいフライパンに①の卵液を入れ、弱めの中火にかける。さい箸4本を使って、卵をかきまぜる。

③ときどき火からおろし、フライパンに火が通りすぎないように注意しながら、卵がそぼろ状になるまでかきまぜる。

卵の細かさとあざやかな黄身が美しい

さい箸4本で不思議に上手にできます！
白身のかたまりをはしで切ってよく混ぜる

メニューアレンジ

●鶏そぼろ丼

鶏ひき肉200g、しょうゆ大さじ1、砂糖大さじ1をフライパンに入れ、さい箸でかきまぜながら、中火で火を通す。手順どおりに炒り卵を作る。ごはんを丼《どんぶり》に盛り、鶏そぼろと炒り卵をのせ、あれば細切りのりを飾る。

ここがポイント！

●さい箸の4本ワザ

きめの細かいそぼろ状にするには、さい箸を何本も使って根気よく卵をかきまぜること。

●テフロン加工で

炒り卵は油をひかないで作る。テフロン加工のフライパンを使えば焦げつかず、初心者でも安心。

■材料（2人分）

卵………3個
砂糖……(大)1
塩………(小)$\frac{1}{2}$

だし汁50㎖加えれば、だし巻き卵に

甘くて懐かしい味！
巻き巻き**厚焼き卵**

①卵をボウルに割り、砂糖、塩を加えてよくまぜる。卵焼き器に油をひいて中火にかける。

②卵液の$\frac{1}{3}$を流し入れ、全体に広げる。半熟状態になったら、さい箸で向こう側からくるくる巻き、卵を手前に寄せる。

③卵を向こう側に寄せ、手前のあいた部分に残りの$\frac{1}{2}$を流し、②と同じ要領で巻く。最後の$\frac{1}{2}$を焼きあげたら、卵焼き器の角を使って形を整え、包丁で切り分ける。

くるくるきれいに巻けるかな?

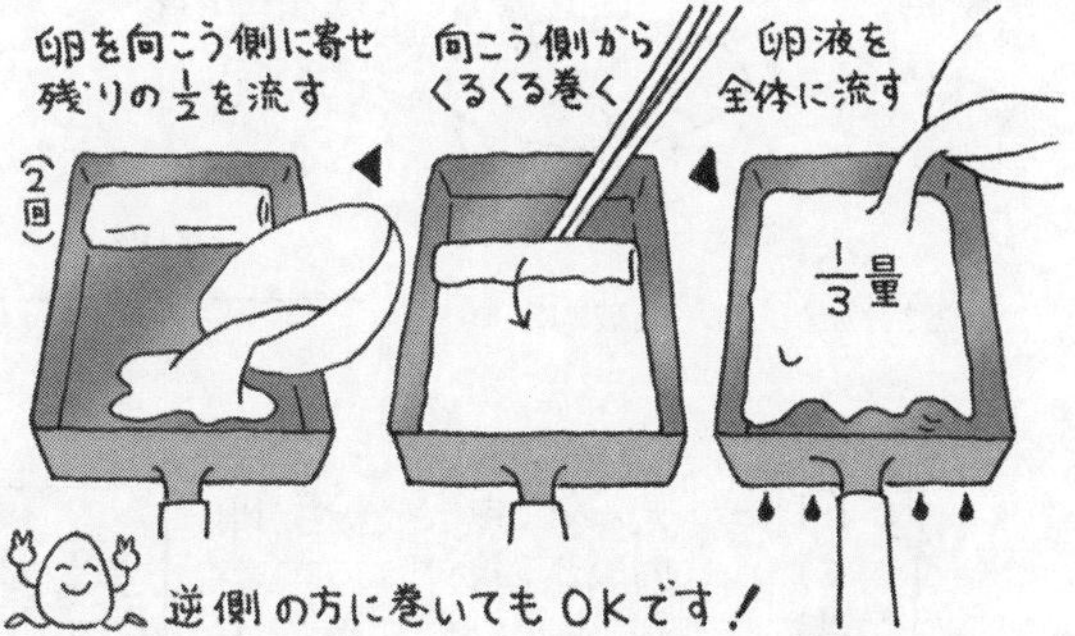
卵を向こう側に寄せ
残りの½を流す
(2回)
向こう側から
くるくる巻く
卵液を
全体に流す
⅓量
逆側の方に巻いてもOKです!

バリエーション

●だし巻き卵

基本の厚焼き卵の材料(卵3個、砂糖大さじ1、塩小さじ½)に、だし汁50mℓを加えて焼けば、上品な味のだし巻き卵に。焼き方の手順は、厚焼き卵の作り方と同じ。だし汁分だけ量が増えるので、4〜5回に分けて焼きあげる。

ここがポイント!

●ボウルに割った卵はまぜすぎない

黄身を崩すように、数回まぜる程度で大丈夫。

●厚焼き卵は火加減が肝心

強すぎるかな……くらいに思える強さの火で、手際よくつくるとふっくら仕上がる。

■材料（2人分）

卵……2個
塩……少々

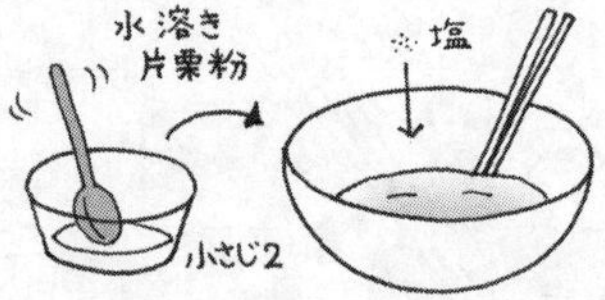

水溶き片栗粉を加えると破けにくい

上品にうすーく焼ける！

裏ワザ薄焼き卵

①卵をボウルに割り入れ、塩を加えてよくまぜ、ザルで一度こしてなめらかにする。

②熱したフライパンに油を薄くひき、卵液の1/4を流し入れ、フライパン全体に薄く広げる。火力が強いと焦げるので注意。

③卵の表面が乾いたら、フライパンをひっくり返し、まな板にあける。

茶巾寿司や冷やし中華など、出番の多い薄焼き卵

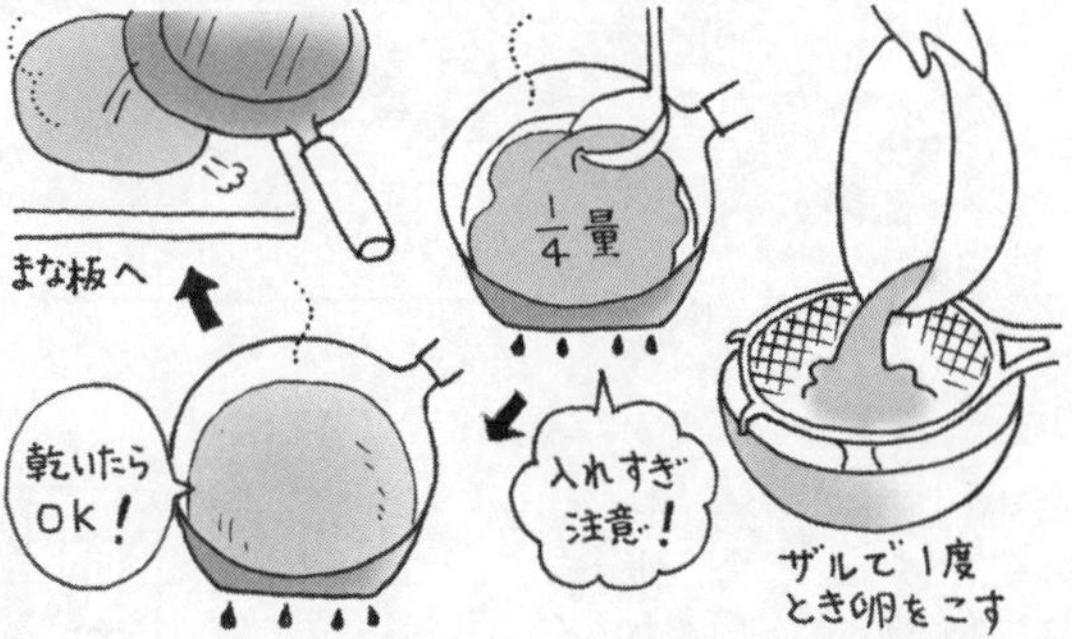
まな板へ
1/4量
乾いたら OK!
入れすぎ 注意!
ザルで1度 とき卵をこす

裏ワザ!

●破けない薄焼き卵を焼くには?

テフロン加工のフライパンを使うと破けにくいが、それでもうまくいかないなら片栗粉でとろみをつけて焼こう。卵1個に対して、水溶き片栗粉小さじ1をまぜると、卵に弾力がつき、破れにくくなる。

ここがポイント!

●ザルでこす

溶いた卵液をザルでこし、なめらかにしておくと、白身が固まることなく、薄くキレイに焼ける。

●まな板にあけるとき

フライパンをひっくり返し、フライパンのふちをまな板にぶつけると、卵が破けずきれいにとれる。

■材料（2人分）

卵……………………4個
ごはん………………茶碗2杯分
鶏もも肉………80g
玉ねぎ……………¼個
ケチャップ……適量
バター……………適量

ごはんは熱々を使う

難しいテクは不要！

卵を巻くだけ**オムライス**

①鶏肉、玉ねぎをそれぞれ1㎝角に切る。冷やごはんを使うときは電子レンジで熱々にしておく。

②フライパンにバターを溶かし、鶏肉と玉ねぎを炒める。火が通ったら、ごはんを加えて炒め合わせ、ケチャップと塩で味つけする。

③卵を割りほぐし、半量を薄焼き卵（106ページ参照）の要領で焼く。皿に②（1人分）を盛り、焼きあがった卵をのせてケチャップをかける。

6

煮てよし、焼いてよし、生でよし！

基本の【お魚】メニュー

おいしくてヘルシーだけど、料理するのは苦手、という人も多い魚料理。でもご安心を。初心者でも簡単にできる、アイデアレシピが満載です。

■材料(2人分)

ぶり……………………2切れ

A
- 砂糖…………………㊅1
- しょうゆ………………㊅2
- みりん…………………㊅2
- おろししょうが…㊉1

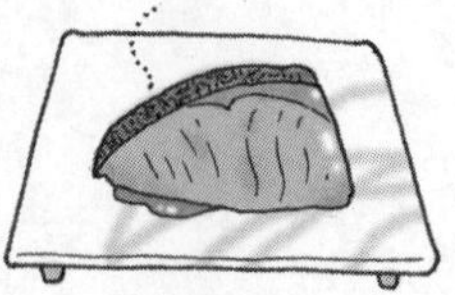

盛り付けは皮目を上に

切り身を焼くだけ!

フライパンでぶりの照り焼き

①ぶりにしょうゆ(分量外)をまぶして10分ほど置き、下味をつける。焼く直前に、ペーパータオルで水気をふく。

②油を熱したフライパンに①を入れ、中火で焼く。焦げ目がついたら裏返し、もう片面も2〜3分焼く。

③Aをまぜ合わせておき、②に入れる。中火で1〜2分煮つめる。

フライパンひとつで、おふくろの味が完成！

Ⓐのたれをからめる
いったんフライパンの油をふきとってから…
両面を焼く
下味をつける
水気をふく

もうひと手間！

●途中で油をぬぐう

ぶりを焼いた油には、魚特有の臭みが流れ出ている。そこでタレを加えて煮つめる前に、ペーパータオルなどでフライパンの油をぬぐっておくといい。

魚の生臭さがタレに混ざらないので、すっきりした味に仕上がる。

ここがポイント！

●焦げやすいので注意

タレの量が少なく、砂糖がたっぷり入っているため焦げやすい。タレを加えたら、火加減に注意。

●盛り付けのヒント

ぶりは皮が見えるほうを上にして器に盛り付ける。たったそれだけでもおいしそうに見える。

■材料（2人分）

ぶりの切り身……2切れ　昆布……10㎝角1枚
大根………………¼本

A
- しょうゆ……㊅2
- 砂糖…………㊅3
- みりん………㊅2

しょうが…………1かけ

あらを使わず旨味たっぷり！

お手軽ぶりの〝切り身〟大根

①ぶりは1切れをさらに半分のそぎ切りにし、しょうゆとみりん（分量外）で下味をつける。大根は乱切りにし、下ゆでしておく。

②フライパンに昆布を敷き、ぶりと大根、Aの調味料、しょうがの薄切り2～3枚を入れ、ひたひたの水を加えて火にかける。

③②に落としぶたをして、弱火で煮汁が少なくなるまで煮る。器に盛り、針しょうがをのせる。

旨味をたっぷり吸った大根は、ご飯のおかずにピッタリ！

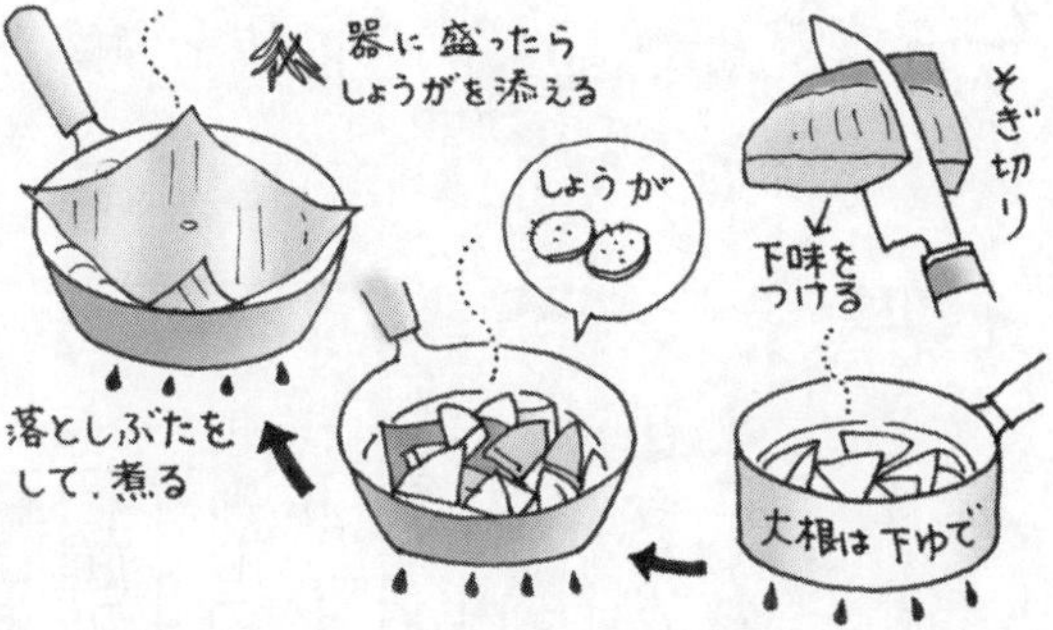
器に盛ったら
しょうがを添える
しょうが
そぎ切り
下味をつける
落としぶたをして、煮る
大根は下ゆで

もうひと手間！

●あらを使うには

本式ぶり大根はあら(300g)を使う。あらを食べやすい大きさに切り、ざるに並べて上から熱湯を回しかけ、臭みをとる。下処理をしたあとは、手順②以降と同様に、煮汁が少なくなるまで煮ればできあがり。

ここがポイント！

●昆布は取り出さない

昆布はいいだしが出るだけでなく、ヌメリがアクを誘い出す役割をする。取り出さずに最後まで入れておくのがポイント。

●煮立ったらアクをとる

アクが出てきたらこまめにとる。味だけでなく煮汁の色もよくなる。

■材料（2人分）

あじ………2尾
塩…………適量
すだち……1個

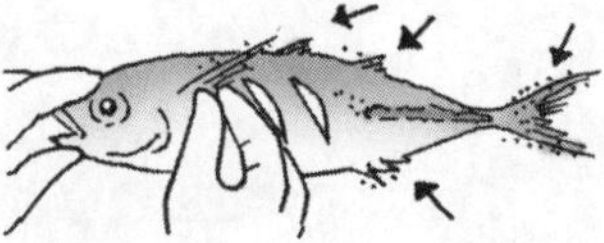

焦げやすいひれには化粧塩を

下処理を簡略化！

超入門あじの塩焼き

①あじの尾のほうから包丁を寝かせるように入れ、ゼイゴを削ぎ取る。頭を右にして置き、腹に4㎝の切れこみを入れ、内臓をかきだし水で洗う。

②今度はあじの頭を左にして置き、体の中央に、斜めに浅い切り目を入れる。

③焼く直前に塩をふり、熱した魚グリルで5分焼く。裏返して4～5分こんがり焼く。

初心者にもできるあじのさばき方

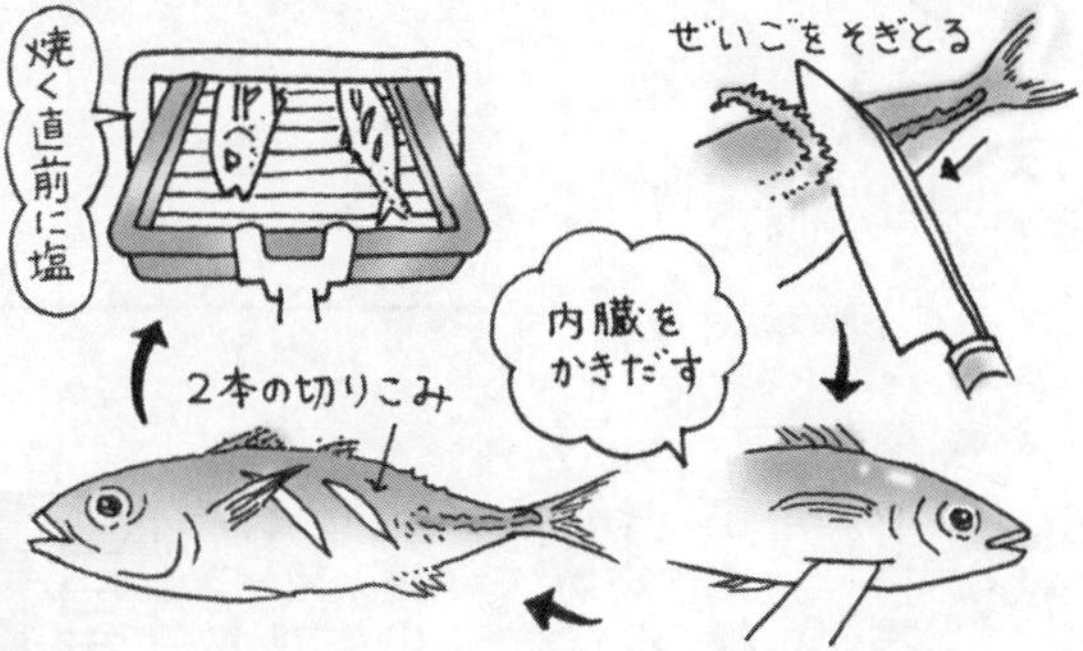

プロの技！

●"化粧塩"をする

胸びれ、背びれ、尾びれの3か所に塩をこすりつけることを「化粧塩」という。ここに塩をすると、焼いたときにひれが焦げて折れることもなく、きれいに焼ける。塩の量は、魚2尾に対して大さじ1程度を目安にする。

ここがポイント！

●内臓を水で洗う

あじの内臓を取り出したら、水で腹の中までよく洗い、ペーパータオルで魚の表面や、腹の中の水気をふき取る。

●焦げるときはホイルで

魚焼きグリルの火元が近いときは焦げ予防にアルミホイルを上にかぶせて。

ガスコンロで豪快にあぶる！

自家製**かつおのたたき**

■材料（2人分）

かつお（さく）……1節
にんにく…………1かけ
しょうが…………1かけ
青じそ……………4枚

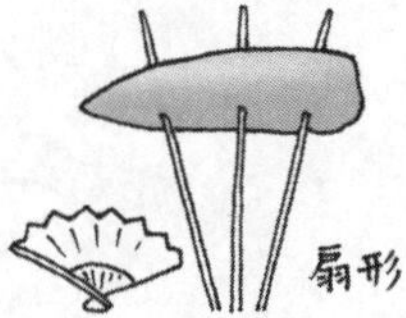

金串の刺し方

①かつおにまんべんなく塩をまぶす。ガスコンロは五徳をはずして強火にし、金串に刺したかつおを炎の中に入れてあぶる。

②皮が茶色くなるまであぶったら、今度は身をあぶる。表面が白くなったら氷水にとる。まな板にのせ、厚さ１㎝に切り分ける。

③②を器に並べ、にんにく、しょうがのみじん切り、青じその千切りを盛り付け、しょうゆやポン酢でいただく。

強火であぶって臭みをとばす

フライパンの場合も強火
氷水にとる
ヤケド予防を

バリエーション

●かつおのたたきのカルパッチョ風

かつおのたたきを4～5㎜の薄切りにし、器に盛り付ける。玉ねぎ(½個)のスライスを水にさらし、ギュッと絞りたたきの上に盛る。粗《あら》びきこしょうをふり、上からイタリアンドレッシングをかける。

ここがポイント!

●強火でいっきに

強力な炎の中にかつおを入れ、いっきにあぶるのが生臭さを消すコツ。金串は熱くなるのでヤケドに注意しよう。

●フライパンでも

フライパンで焼く場合も、強火で表面に焦げ目をつけるのがポイント。

■材料（2人分）

かれいの切り身………2切れ
しょうが………………少量

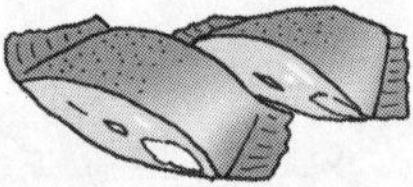

A
- 砂糖…………㊅2
- しょうゆ……㊅3
- みりん………㊅3
- 酒……………㊅3
- 水……………300mℓ

切り身を使ってお手軽！

ふっくらかれいの煮付け

①かれいは黒い皮のほうを上にして置き、十文字の切れ込みを入れる。

②鍋にAとしょうがの薄切り2～3枚を入れて煮立たせ、かれいを皮のほうを上にして並べ入れる。

③煮汁が煮立ったら、かれいの表面に回しかけて火を通し、フタをして中火の弱で10～12分煮る。

おばあちゃんの知恵

**●覚えておきたい
盛り付けのルール**

切り身のときは問題ないが、かれいを1尾丸ごと煮るときは、頭を右側にして盛り付けるのが和食のルール。一方、かれいと似た「ひらめ」は頭を左にして盛り付けるのがしきたり。

ここがポイント！

●煮すぎは禁物

煮すぎると、身が固くなってパサついてしまう。あらかた火が通ったらフタをしたまま保温調理するとふっくら仕上がる。

●煮汁が煮立ってから

魚は煮汁が煮立ってから入れる。こうすると旨味が煮汁に流れ出ない。

焼いてから煮る！

煮くずれない**さばの味噌煮**

■材料（2人分）

さば（切り身）……2切れ
しょうが…………1かけ

A
- だし………¼カップ
- 砂糖………(大)1
- 味噌………(大)2
- みりん……(大)1
- 酒…………(大)2

①さばは、皮の表面に十文字の切れ込みを入れ、油を熱したフライパンで両面を焼く。

②しょうがを千切りにする。Aを器に入れてまぜる。

③①のフライパンに②を加えて煮汁をなじませ、火を弱めて煮汁が半分くらいになるまで煮つめる。

甘辛く煮からめた味噌ダレの味がごはんにベストマッチ

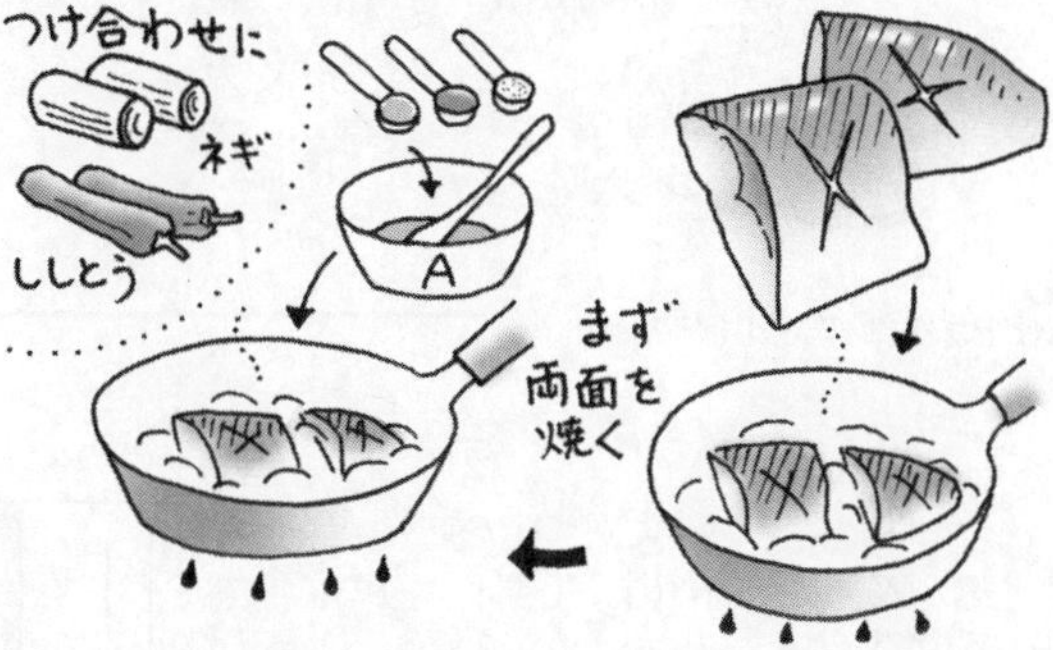
つけ合わせに
ネギ
ししとう
A
まず
両面を
焼く

もうひと手間！

●つけあわせをいっしょに作る

長ねぎを3～4㎝に切ってフライパンで色よく焼き、これをさばといっしょに煮れば、ねぎの風味が加わって、より豊かな味わいに。ねぎのほか、ししとうをフライパンで焼いたものをそえても美味。

ここがポイント！

●さばを先に焼く

煮る前にさばを焼いておくことで、食べたときに中が生だったり、煮くずれる心配が減る。

●皮に十文字の切り目

切り目を入れるのは、加熱により皮が縮み、煮くずれるのを防ぐため。味もしみ込みやすくなる。

一番簡単な魚の洋食！

レストラン風さけのムニエル

①生ざけの両面に塩、こしょうをふり、しばらく置いて下味をつける。

②ペーパータオルでさけの表面の水分をふき取ってから、小麦粉をまんべんなくまぶす。手ではたいて、余分な粉は落としておく。

③鍋にバターを入れてなじませ、さけを入れて中火で焼く。両面に焦げ目がついたら、フタをして、弱火で2分ほど蒸し焼きにする。

■材料（2人分）

生ざけ……2切れ
小麦粉……適量
レモン……2カット
バター……適量

仕上がりにレモンをしぼると絶品！

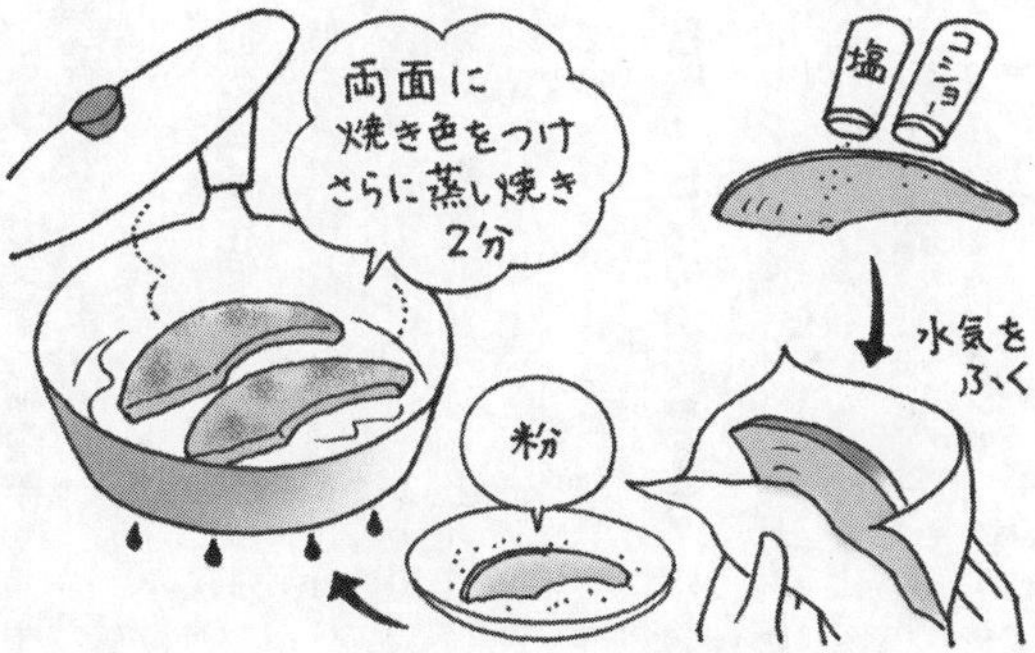

バリエーション

●白身魚のムニエル カレーソースぞえ

ホワイトソース(缶詰)にカレー粉、塩、こしょうを加えて鍋で煮立てる。白身魚は、さけと同じ要領でカリッと焼く。白身魚のムニエルを皿に盛り、上から熱々のカレーソースをかければできあがり。

ここがポイント!

●さけの水気をふく

水分が残っていると生臭くなるので小麦粉をつける前に、必ずふくこと。

●余分な小麦粉は落とす

小麦粉を厚くつけると、粉だけが焼けて魚が半生だったり、焦げついたりしてうまく焼けない。はたいてから焼くこと。

おいしい豆知識②

電子レンジ〈超〉活用術 便利な使い方編

皿の温めに使う

皿を水で湿らせ、30秒〜1分ほどレンジでチン。シチューやステーキなど温かい料理を盛りつけるときは、皿を温めておくといい。できたて熱々をキープできる。

容器やビンの消毒をする

食品を入れる保存容器やビンは常に清潔にしておきたい。そんなときもレンジが大活躍。容器やビンを水につけ、濡れたままレンジで加熱すれば消毒できる。

乾燥パセリをつくる

ペーパータオルを敷いた皿にパセリの葉をちぎってのせ、ラップをかけずにレンジで2〜3分加熱する。さめてパリパリに乾燥したらポリ袋に入れ、手でもめば、乾燥パセリのみじん切りの完成。

パン粉をつくる

フードプロセッサーがなくても簡単にパン粉を作るには、ペーパータオルを敷いた皿にパンをちぎってのせ、ラップをせずに1〜2分加熱する。さめてパリパリになったらポリ袋に入れ、細かく砕けば、ドライパン粉のできあがり。

7

たっぷり食べたい！
基本の【野菜】メニュー

サラダや漬けものなど、食卓にあがる機会がもっとも多い、野菜料理の基本レシピです。もりもり食べて、カラダを内側からも磨きましょう。

ゆでたてをつまむ幸せ！

冷凍じゃない**枝豆**

①鍋に1ℓの水を入れて火にかける。

②枝つきの枝豆は、さやの両端をキッチンバサミを使って切り、よく水洗いする。

③沸騰した湯に塩、枝豆を入れて5～6分ゆでる。ゆで上がったらザルにあけ、熱いうちに塩をふる。

■材料(2人分)

枝つきの枝豆……400g
塩………………30g
仕上げ用の塩……適量

3%の塩でゆでる

ゆで時間は、お好みで加減して

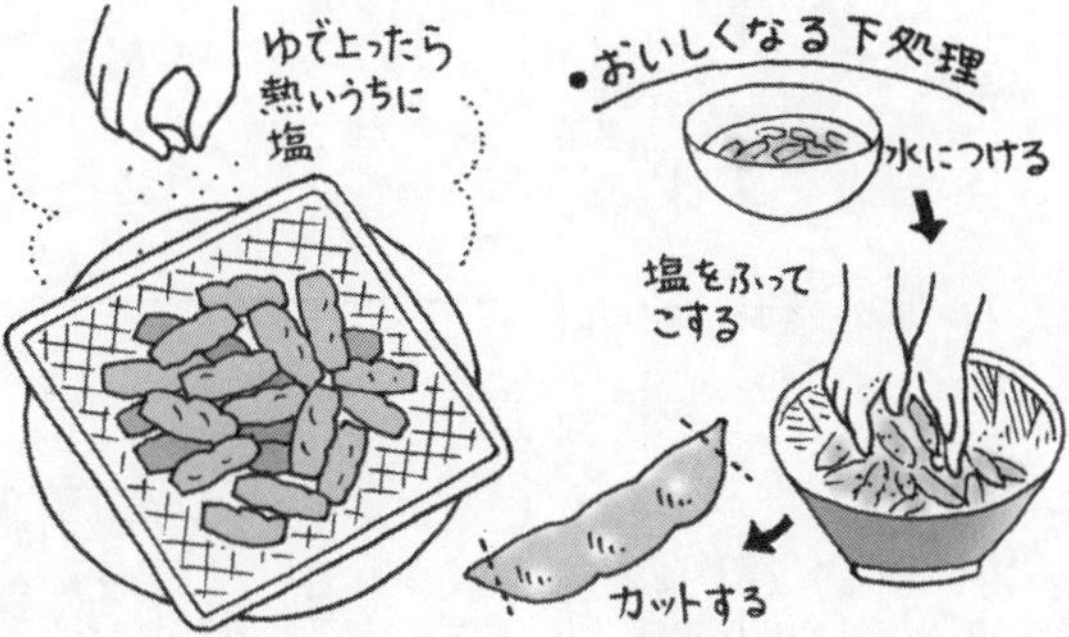
ゆで上ったら
熱いうちに
塩
●おいしくなる下処理
水につける
塩をふって
こする
カットする

もうひと手間!

●下処理で味に差がつく

枝豆をざっと洗ったあと、水をはったボウルに10分ほど浸けて、青臭さをとる。枝豆に塩をふり、両手でこするようにしながら、表面の汚れをとる。下処理してゆでた枝豆は、色鮮やかで味もバツグンにいい。

プロの技!

●塩加減のコツ

ちょうどよい塩加減にするには、湯の3%の塩を入れる。2ℓの湯なら60gが適量。

●仕上げの塩にこだわる

ゆで上げたあとにふる塩は、岩塩や焼き塩など風味のよいものを使おう。味にグンと差がつく。

■材料（2人分）

じゃがいも	2個
にんじん	¼本
玉ねぎ	½個
きゅうり	½本
酢	㊅2
マヨネーズ	㊅3

ツナや明太子をまぜても美味

ゆでずにレンジでチン！

ほくほくらくらくポテトサラダ

①じゃがいもにフォークで数か所穴をあけ、皮つきのまま、やわらかくなるまで電子レンジで7〜8分ほど加熱する。

②にんじんは細切り、きゅうりは薄い輪切り、玉ねぎは薄くスライスして塩もみする。しんなりしたら水洗いし、水気をギュッとしぼる。

③じゃがいもは皮をむいてつぶし、熱いうちに酢をまぜる。冷めたら②の野菜とマヨネーズをあえ、塩で味をととのえる。

じゃがいもを丁寧につぶせばなめらかな口当たりに

もうひと手間！

●玉ねぎを炒める

玉ねぎとにんじんをバターで炒めてからあえると、甘味とコクが増し、おいしさアップ！

●ツナや明太子をまぜる

ツナや明太子をまぜれば、一味ちがったおいしさに。辛子を入れてもピリリとうまい。

ここがポイント！

●下味がうまさのヒケツ

味の含みがよい熱々のうちに、じゃがいもに酢をなじませておく。フレンチドレッシングでも。

●冷蔵庫に長時間は×

じゃがいものでんぷん質は変化しやすく、冷やしすぎると口当たりが悪くなる。作ったら即食卓へ。

■材料（2人分）

大根…………⅓本
削り節……1パック

A
- すりごま（白）……㊅1
- ごま油…………㊅2
- しょうゆ…………㊅2
- 酢………………㊅2
- 砂糖……………㊥1

もみのり……………適宜

居酒屋の和風サラダも簡単！

パリパリ大根サラダ

①大根は洗って皮をむき、スライサーを使って2〜3㎜の細切りにする。大皿に盛り、削り節をのせる。

②Aの調味料を合わせてドレッシングを作り、①の上からかける。

③もみのりを②の上にのせれば完成。

山盛りにしてモリモリ食べたい

メニューアレンジ

●大根とにんじんのナムル風サラダ

スライサーを使えば、刺身のツマ風の細切りもラクに。にんじん、大根をスライサーで千切りにする。ゴマ油と塩で味をととのえ、あれば白ごまをふる。サッパリ食べたければ、酢を少量加えて。

もうひと手間！

●パリパリにするには

細切りにした大根は、氷水にしばらく浸けておくとパリッとした歯ごたえになる。

●トッピングに凝る

ちりめんじゃこ、細切りにしたしそ、万能ねぎを加えると、味に奥行きが出る。見た目も豪華に！

■材料(2人分)

キャベツ……………2枚
きゅうり……………1本
大葉…………………2枚
塩……………………Ⓢ小2
昆布だし(粉末)……少量

くず野菜でも十分いける!

あると嬉しい箸休め!

ポリ袋でお手軽漬け物

①野菜はよく洗い、キャベツは一口大に切る。きゅうりは薄切りに、大葉はくきの部分を切り落とし、細切りにする。

②①の野菜をポリ袋に入れ、塩と昆布だしを加えたら、口をしばってもむ。

③15分ほどして、野菜がしんなりしてきたら、ポリ袋から出し、水気をしぼって器に盛る。

一品ほしいと思ったときに、覚えておくと便利

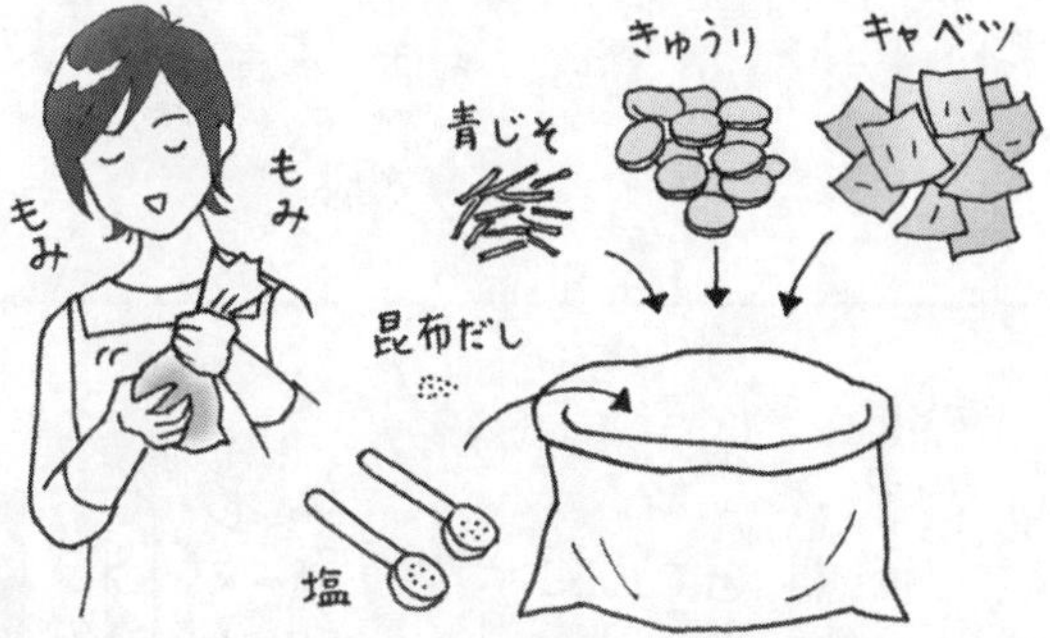

バリエーション

●ごぼうとにんじんの味噌漬け

簡単な味噌床を作る。だし入りの味噌汁用味噌にしょうゆ、砂糖を加え、容器に入れる。皮をむいて食べやすく切ったごぼうとにんじんを、味噌床にうめる。冷蔵庫に入れ、1～2日おけばできあがり。

おばあちゃんの知恵

●くず野菜で作る

煮物に使った大根やにんじんの皮や葉の部分、野菜の切れはしを漬物に利用するとムダがない。

●食べ切れなかったら

塩漬けはクセがないので食べ残したら、ほかの野菜といっしょに味噌汁の具に入れてもいい。

■材料（2人分）

レタス………4〜5枚
トマト………小1個
きゅうり……1本

A
塩…………小⅔
こしょう…少々
サラダ油…大3
酢…………大2
砂糖……… 1つまみ

手作りドレッシングに挑戦！

料理一年生の**生野菜サラダ**

①レタスはよく洗い、ザルにあげて水気をしっかり切る。食べやすい大きさに手でちぎる。

②トマトはくし形に切る。きゅうりは斜め薄切りにする。

③Aをボウルに入れて泡立て器でまぜる。野菜を器に盛り付け、ドレッシングをかける。

8

ゆで方が決め手！
基本の

【めん系】メニュー

子どもから大人まで、みんな大好きなめん類。パスタ、ラーメン、そば、うどん……、つるつるしこしこの食感で、食欲のないときでもバッチリです。

覚えればバリエーション無限！

基本のペペロンチーノ

■材料（2人分）

パスタ…………200g
にんにく………2かけ
鷹の爪…………2本
オリーブ油……㊅3

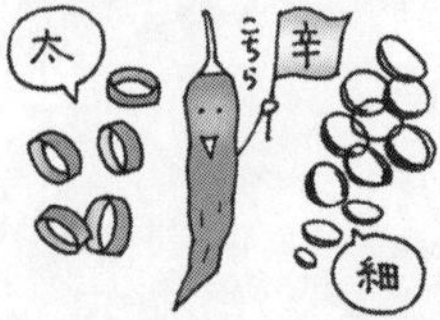

鷹の爪は細かく切るほど辛い

①フライパンにオリーブ油を入れ、薄切りにしたにんにく、種を取り除いた鷹《たか》の爪を入れ、弱火でじっくり火を通し、いったんとり出す。

②鍋にたっぷりの湯を沸かし、塩を入れる。沸騰したらパスタを入れてゆでる。

③パスタがゆであがったら、①のフライパンに入れて混ぜ合わせ、にんにくと鷹の爪を戻して、塩、こしょうで味をととのえる。

最後にオリーブバージンオイルをたらすと風味アップ

調理メモ

●アルデンテにゆでる

パスタをアルデンテにゆでるとは、噛んだときに少し芯が残っている状態。市販の乾燥麺の場合、ゆであがり時間の1分前に湯から引き上げるといい。その前に麺を1本取り出し、奥歯で噛んで歯ごたえをたしかめよう。

ここがポイント！

●辛さの調節はこうする

鷹の爪は、細かく切るほど辛くなる。辛いのが好みなら薄い輪切りに。

●焦がさない

にんにくと鷹の爪は焦げやすいので、弱火でじっくり香りを引き出す。色づいたら取り出し、最後にあえると失敗しない。

■材料（2人分）

パスタ………………200g
トマトジュース……800㎖
ベーコン……………3〜4枚
ピーマン……………1〜2個
玉ねぎ………………1個
粉チーズ……………適量
トマトケチャップ…適量

ジュースで麺を煮る！

トマトがしみ込む**ナポリタン**

①ピーマンを細切りにする。薄切りにした玉ねぎと、食べやすく切ったベーコンを、油を熱した鍋（浅めの鍋かフライパン）で炒める。

②玉ねぎとベーコンに火が通ったら、トマトジュースを注ぐ。沸騰したらパスタを加える。パスタをゆでている途中でピーマンを加える。

③パスタがやわらかくなったら、塩、ケチャップで味をととのえ、器に盛って粉チーズをかける。

ピーマンは火を入れすぎず、しゃきしゃき感を残したい

もうひと手間!

●酸味をまろやかに

ケチャップで味付けしても酸味が強いなら、砂糖をひとつまみ入れるとまろやかになる。

●パスタのゆで時間は?

袋にあるより1分ほど長くゆでる。時々パスタを取り出して食べてみると失敗しない。

ここがポイント!

●パスタを湯でゆでない

このナポリタンは、パスタを別ゆでせず、トマトジュースで直接煮込むのがポイント。

ただし、ジュースの分量が少ないので、パスタは半分に折っておくといい。鍋からはみ出すことなく上手にゆでられる。

たらこソースをあえるだけ！

誰でも簡単たらこスパゲティ

■材料（2人分）

パスタ	200g
生たらこ	2腹
バター	㊅2
酒	少々
刻みのり	適量

生クリームを加えるとリッチな味に

①鍋にたっぷりの水を入れて沸騰させ、塩を加えてパスタをゆでる。

②たらこは皮を取って身をほぐし、大きめのボウルに入れて酒でのばす。ここにバターも入れる。バターはかたまりのままでかまわない。

③麺がゆであがったら②のボウルに移し、混ぜる。

塩気が足りなければ調整し、皿に盛り付けて刻みのりをトッピングすれば完成。

たらことバターのハーモニーが絶妙！

もうひと手間！

●トッピングに凝る

万能ねぎやかいわれ大根を刻んでのせれば、野菜たっぷりのヘルシーメニューになる。

●クリームスパにも

生クリームを適量加えてあえれば、リッチな味わいに。しょうゆを少量たらしてもイケる。

ここがポイント！

●塩を入れすぎない

たらこに塩分があるのを忘れて塩をかけすぎるとしょっぱくなる。味見してから調整を。

●麺が混ぜにくいときは

水分のないパスタ料理なので、麺が混ぜにくいときは、ゆで汁を加えるといい。

■材料(2人分)

パスタ……………200g	ミートソース(缶詰)……………㊅6
牛ひき肉…………200g	オリーブ油…………適量
玉ねぎ……………½個	粉チーズ……………適量
セロリ……………½本	
にんにく…………1かけ	
トマト(水煮)……1缶	

缶詰を上手に利用!

喫茶店風ミートソーススパゲティ

①フライパンにオリーブ油を温め、にんにく、玉ねぎ、セロリのみじん切りを炒める。しんなりしたら、牛ひき肉を入れてさらに炒める。

②ひき肉の色が変わってポロポロになったら、水煮トマトを手でつぶしながら入れる。ミートソースも加え、塩、こしょうで味つけする。

③別の鍋に湯を沸かし、パスタをゆでる。ゆであがったら器に盛り、上からソースをかけ、好みで粉チーズをふりかける。

手作りミートソースに挑戦！

ときどき かきまぜながら、煮つめる
もったりするまで
塩
こしょう
すべて手作りするなら…
にんにく・たまねぎ・セロリと牛ミンチを 炒める
スープ
ローリエ
つぶして
トマト水煮
赤ワイン
水

メニューアレンジ

●冷凍ポテトのミートソースグラタン

耐熱の器にバターをぬり、冷凍ポテトを凍ったまま並べる。上からミートソースを流し入れ、電子レンジで熱々になるまで加熱する。とろけるチーズをのせオーブントースターでこげ目がつくまで焼く。

もうひと手間！

●市販のソースを使わず赤ワインで煮込む

野菜と牛肉を炒めたら、赤ワイン100mℓ、水200mℓ、トマトの水煮１缶、固形スープの素１個、ローリエを入れ、塩、こしょうで味をつける。１時間ほど煮つめ、ソースが木べらにもったりのるようになればできあがり。

缶詰の汁がいいダシに！

水煮缶で**ボンゴレスパゲティ**

■材料（2人分）

パスタ……………………200g
あさりの水煮缶詰…1缶
にんにく………………2かけ
鷹の爪…………………1本
白ワイン………………50mℓ
バター…………………(大)1
オリーブ油…………適量

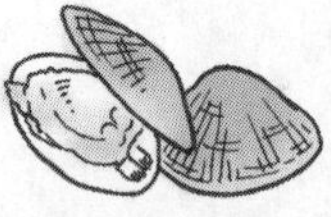

① 鍋に水を沸かし、沸騰したらパスタをゆでる。
フライパンにオリーブ油、みじん切りのにんにく、輪切りにした鷹の爪を入れて炒める。

② にんにくの香りが立ったら、あさり、缶詰の汁、白ワイン、塩少々を加え、5分ほど煮つめる。

③ ②にバターを加え、塩、こしょうで味をととのえる。ゆであがったパスタとあえれば完成。

トマトを入れても美味

メニューアレンジ

●あさりの酒蒸し にんにくしょうゆ味

カラつきあさりを使い、手順②の白ワインのかわりに日本酒を加えて蒸し煮する。貝が開いたら火を止め、しょうゆをひとたらし。器に盛り、刻んだあさつきを散らせば、「和風あさりの酒蒸し」に。

もうひと手間！

●カラつきあさりを使う

水煮缶のかわりにカラつきあさり300gで作ると、より本格的な味に仕上がる。あさりは塩水(海水くらいの塩加減)に浸け、暗い場所で砂を吐かせる。砂抜きがすんだら、カラ同士をこすり合わせて洗う。調理するときは、カラつきのままでOK。

市販のラーメンにプラスα！

すぐおいしい**豚ラーメン**

■材料（2人分）

生ラーメン(しょうゆ)
………2人分
豚バラ薄切り肉……150g
ねぎ…………………⅓本
しょうゆ……………適量
みりん………………少量

市販のラーメンが見ちがえる！

①豚バラ肉を鍋に入れ、みりん少量と、しょうゆをひたひたに加えて煮る。ねぎを刻んでおく。

②別鍋に湯を沸かし、麺をゆでる。器に市販のラーメンスープを入れ、熱湯で割る。①の鍋に残ったしょうゆダレを少々加える。

③麺がゆであがったら水気を切って器に入れ、豚バラ肉とねぎをのせる。

豚バラ肉の即席チャーシューで濃厚な味わいに

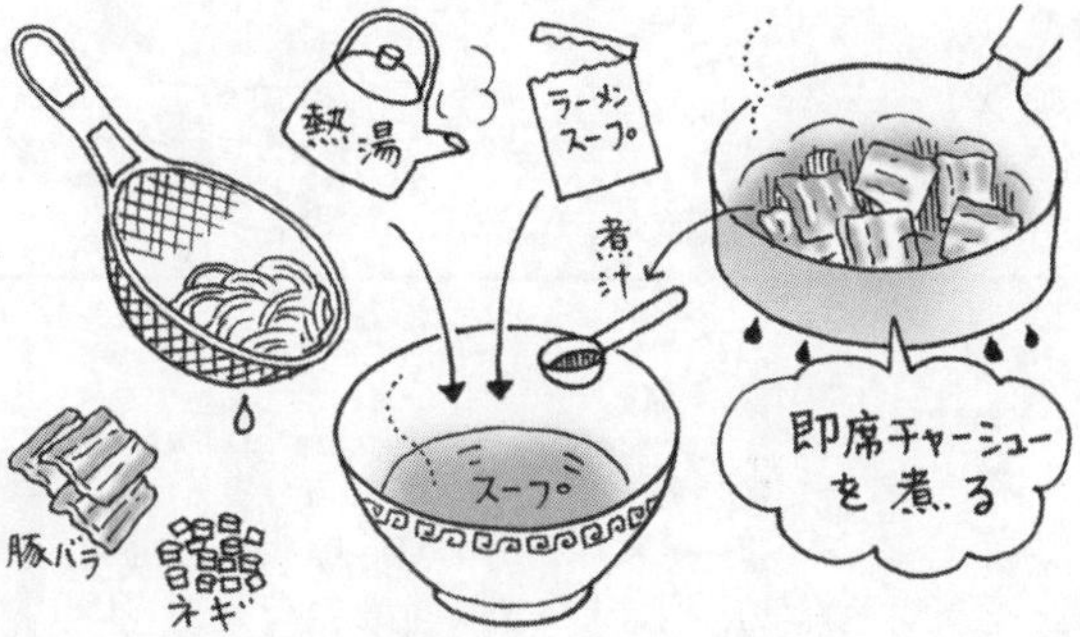

時間がないときは

●インスタントでもこうすればうまい！

●麺といっしょにもやしを入れてゆであげれば、野菜ラーメンに。

●最後におろしにんにくをのせればにんにくラーメンに。

●塩ラーメンが味気ないときは、白すりごまをプラス。

ここがポイント！

●麺はかきまわさない

麺はていねいにほぐしながら入れる。旨味が逃げてしまうので、湯に入れたあとは、あまりかきまわさない。

●きれいな湯でゆでる

同じ湯で何玉もゆでると煮つまってきて、麺の表面にヌメリが出てしまう。きれいな湯でゆでること。

■材料（4人分）

そば	4束
みりん	㊅4
酒	㊅4
しょうゆ	½カップ
削り節	20g
ねぎ	適量
わさび	適量
刻みのり	適量

つゆを自作する！

ひと手間かけた絶品ざるそば

①つけつゆを作る。鍋にみりん、酒を入れて煮切り（左ページ参照）、水400㎖、しょうゆ、削り節を加える。煮立ったら、弱火で5分煮てザルでこし、冷ます。

②たっぷりの熱湯を沸かし、そばをゆでる。ゆであがったら、流水にさらしながら手でもんでヌメリをとり、水気を切る。

③そばを器に盛り、刻みのりを散らす。つけつゆ、薬味の刻みねぎとわさびをそえる。

つゆは濃いめの味でキリッと仕上げる

バリエーション

●温かいそばを作る

手順①のつけつゆに、だし汁(市販のだしの素を水で薄める)を加えてのばし、かけつゆを作る。

味つけは、しょうゆや砂糖で調節する。

器にゆであがったそばを入れて熱いつゆをかけ、刻みねぎをのせる。

おばあちゃんの知恵

●煮切り(煮切る)

酒やみりんを煮立てて、アルコール分を飛ばすこと。煮切りみりんともいう。

煮切ることで、みりんは甘味と風味が増し、酒はアルコール臭さやクセが抜ける。長く煮込む料理の場合はアルコール分が自然に飛ぶので、煮切る必要はない。

無性に食べたくなる味！

ルウを溶かしてカレーうどん

■材料（2人分）

鶏ささみ…………3本
ねぎ…………………1本
ゆでうどん………2玉
カレールウ………30～40g
だし汁……………600mℓ
しょうゆ…………㊕1
みりん………………㊖4

①鶏ささみ肉を一口大に切る。ねぎは縦半分に切り、3～4㎝に切る。カレールウを細かく割る。

②鍋にみりんを入れて煮切り、だし汁、しょうゆを入れて煮る。沸騰したらささみ、ねぎを加えて煮る。

③鍋の火をいったん止めてカレールウを入れて溶かし、うどんを入れて再び火にかける。グツグツ煮え立ったらできあがり。

めんつゆの素ならもっと簡単！

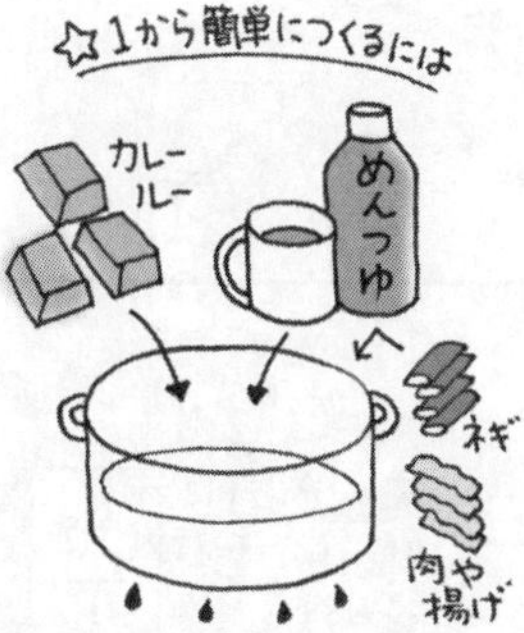
☆1から簡単につくるには
カレールー
めんつゆ
ネギ
肉や揚げ

②の味つきだし汁を味を見ながら加えます
残ったカレー

残りもののカレーが大変身！

時間がないときは

●めんつゆの素を使う

だし汁を作る時間がないときや、いまひとつ味が決まらないときは、市販のめんつゆの素を利用すると便利。めんつゆの素を水で割って煮立て、ルウを加えるだけで、簡単スピーディにカレーうどんのつゆができる。

ここがポイント！

●辛さはルウで

辛口が好みなら、味をみながら多めに入れる。あらかじめ辛口のルウを使うといい。

●残りもののカレーでもOK

残りもののカレーを使ってもうまい。ビーフカレーよりチキンカレーのほうが和風味には合う。

■材料（1人分）

ゆでうどん	1玉	卵	1個
鶏もも肉	50g	めんつゆの素(市販)	適量
かまぼこ	1枚		
えび天(市販)	1尾		
ねぎ	½本		
干ししいたけ	1枚		

市販品をうまく活かして！

ゴージャス**鍋焼きうどん**

①干ししいたけを水で戻す。戻したしいたけ、戻し汁2カップを土鍋に入れ、めんつゆの素を味をみながら加えて火にかける。

②鶏肉は一口大に、かまぼこは薄切りに、ねぎは斜め切りにして、①に入れて煮立てる。沸騰したらゆでうどんとえび天ぷらを入れる。

③②が煮立ったら、卵1個を割り落とし（溶き卵を回し入れてもよい）、フタをして火を止める。余熱で卵に火が通ればできあがり。

冷蔵庫の残りもの、何でも入れてみよう！

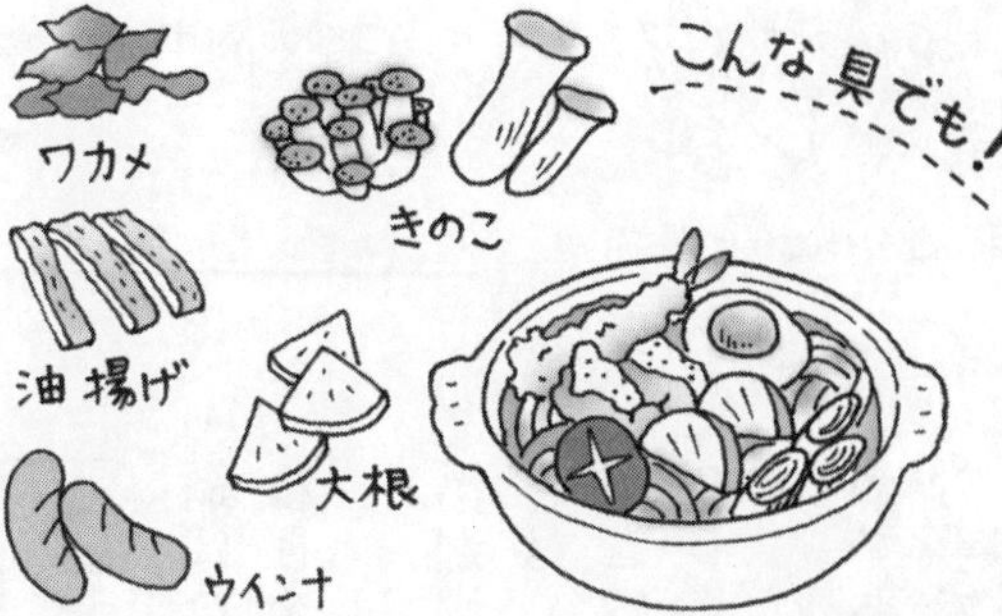
こんな具でも！
ワカメ
きのこ
油揚げ
大根
ウインナ

調理メモ

●干ししいたけの戻し方

干ししいたけは、ひたひたの水に浸けてじっくり戻すのが旨味をひきだすコツ。早く戻したいときは、水にいったん浸けてやわらかくなったものをスライスし、また水に浸ければ1時間くらいで戻る。

ここがポイント！

●溶き卵でとじるときは

このレシピでは「落とし卵」だが、「溶き卵」を加えるときは、全体にまんべんなく回しかけ、半熟になったら火を止め、フタをする。
そのまま食卓へ運べば、食べるころには余熱で火が通っているハズ。

■材料（2人分）

そうめん…………………2〜3束
ねぎ…………………………¼本
めんつゆの素（市販）…適量

青じそ、みょうがも薬味に合う

湯が沸いたら3分！ スピード冷やしそうめん

① 鍋にたっぷりの湯を沸かす。ねぎを刻む。めんつゆの素を準備する。

② 湯が沸騰したら、そうめんを入れ、さい箸でさばくように混ぜながら2分ほどゆでる。ふきこぼれそうになったら、コップ半分ほどのびっくり水を入れる。

③ ゆであがったらザルにとり、流水にあてながら手でもむように洗い、水気を切る。つゆと薬味のねぎをそえる。

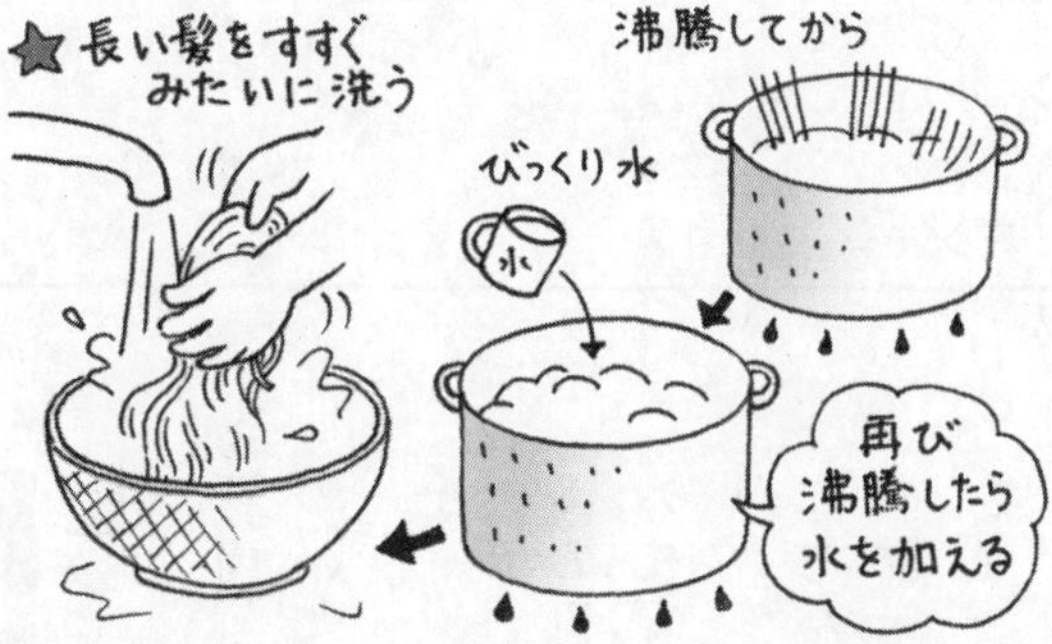
長い髪をすすぐ
みたいに洗う
沸騰してから
びっくり水
水
再び
沸騰したら
水を加える

バリエーション

**●そうめんのあったか版
中華風“にゅうめん”**

鍋に水と鶏がらスープの素(市販)を入れて煮立て、しょうゆ、塩、ごま油少々で味をととのえる。別の鍋でそうめんを固めにゆで、スープの鍋に加えて1分ほど煮る。刻んだ万能ねぎや白ごまを薬味にして。

ここがポイント!

●ヌメリをとる

つるっとしたのどごしがうまさのキメテ。麺をゆでたら流水でもみ洗いし、ヌメリを取っておこう。

●ゆで時間に注意

そうめんはゆで時間が非常に短い。できたてを食べるには薬味などをあらかじめ用意しておくこと。

■材料（2人分）

ゆでうどん…………2玉	しょうゆ………㊅1
豚もも薄切り肉……150g	中華調味料……少々
キャベツ……………4枚	削り節…………1つかみ
玉ねぎ………………½個	
万能ねぎ……………2本	
ピーマン……………1個	

ゆでうどんを使って素早く！

ちゃちゃっと焼きうどん

①豚肉、キャベツ、玉ねぎ、ピーマンは食べやすい大きさに切る。

②フライパンに油を熱し、豚肉を入れて炒める。肉の色が変わったら野菜を加え、しんなりするまで炒めたら、ゆでうどんを入れて炒める。

③うどんにサッと火を通したら、しょうゆ、中華調味料、塩、こしょうで味付けし、器に盛る。

削り節と、刻んだ万能ねぎをのせる。

うどんは炒めすぎない

塩
こしょう
しょうゆ
中華だし
うどんを入れたら手早く

ゆでうどんをサッと洗うとほぐれる

ゆでうどんは、水にさらすとほぐしやすい

メニューアレンジ

●こってりバターうどん

具は豚薄切り肉と万能ねぎのみ。バターを溶かしたフライパンに、具とゆでうどんを入れて炒める。塩、こしょう、しょうゆで味つけすればできあがり。手早くボリュームたっぷりの焼きうどんが食べたいときにおすすめ！

ここがポイント！

●具は同じ大きさに切る

野菜は同じくらいの大きさに切ると均一に火が通り、うまくできる。3～4㎝に切るとベター。

●麵は具を炒めてから

うどんを長時間炒めるとやわらかくなりすぎてマズイ。うどんは具を炒めたあとに入れるのがコツ。

麺についているタレを使って！

彩りきれいな冷やし中華

■材料（2人分）

ハム……………………2枚
きゅうり……………1本
トマト…………………1個
卵………………………1個
砂糖・塩………………少々
冷やし中華麺 ………2人分

タレつきの中華麺ならスピーディ

①卵を溶き、砂糖と塩少々を入れて好みの味付けにしたら、フライパンで薄焼き卵を焼く。卵が冷《さ》めたら細切りにする。

②具を切る。ハム、きゅうりは4～5㎝の細切りに、トマトは湯むきし（左ページ参照）、薄い輪切りにする。

③鍋にたっぷりの湯を沸かし、麺をゆでる。ゆであがったら流水でもみ洗いし、器に盛る。具を彩りよくのせ、タレをかける。

ツルッとむけるトマトの湯むき

☆トマトは湯むきする
皮が
めくれる
フォークで
刺して
熱湯に
冷水に
十字に
切り目

調理メモ

●トマトを湯むきする

トマトの湯むきは、皮を取り除きなめらかな舌ざわりにする下処理。トマトに浅く十字の切り目を入れ、ヘタ側を大きめのフォークで刺し、沸かしたお湯に数十秒つけてから冷水につける。切れ込みから皮をはがすようにむく。

ここがポイント！

●具とタレを冷やす

具を切ったら冷蔵庫で冷やしておくのがポイント。卵を最初に焼いて冷ませば手際よく作れる。

●麵は油であえる

ゆであがった麵に少量の油をまぜておくと、口当たりがなめらかになっておいしい。

軽く押さえて
パリッと焼く
麺は油で焼くように

■材料（2人分）

市販の焼きそば	2人分
豚バラ肉	100g
キャベツ	4枚
紅しょうが	適量
青のり	適量

家でも屋台の味！

カップじゃない焼きそば

①豚肉、キャベツを食べやすい大きさに切る。

②フライパンに油を多め（大さじ1〜2弱）に熱し、麺を平らに広げ、両面をパリッと焼くように炒める。
豚肉、キャベツを加え、さらに炒める。

③肉とキャベツに火が通ったら、ソースを加えてまぜる。器に盛り、紅しょうが、青のりをそえる。

9

日本人には欠かせない！
基本の【ごはん】メニュー

おにぎり、チャーハン、どんぶり物…。ふっくらごはんを使った、主食のレシピ集です。日本人なら、やっぱりごはんがいちばん！

■材料(2人分)

米……………2合(360cc)
水……………360mℓ

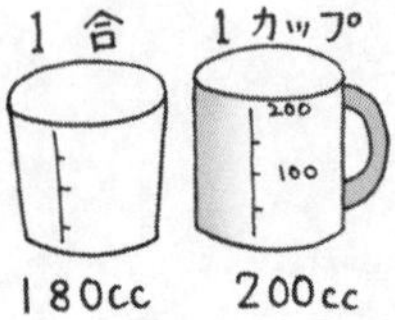

1合と1カップのちがい

誰でもおいしく炊ける!

ふっくら!白いごはん

①米をボウルに入れ、水を注いでサッとまぜ、最初の水はすぐに捨てる。あとは、とぎ汁が澄んでくるまで、水を替えながら洗う。

②といだ米を炊飯器の内釜に移し、目盛りどおりに水を入れる(2合なら「2」の目盛り)。夏場は30分、冬場は1時間くらい浸水させる。

③浸水がすんだらスイッチオン。炊きあがったら10分ほど蒸らし、軽くごはんをかきまぜて、余計な水分を飛ばす。

毎日食べるものだから、おいしく炊きたい！

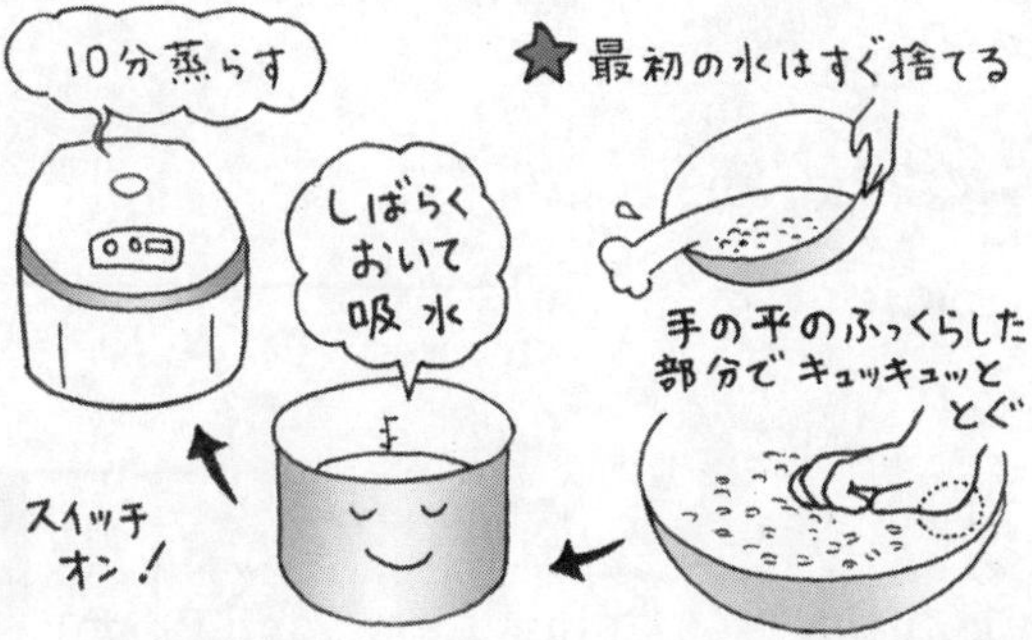
10分蒸らす
しばらくおいて吸水
スイッチオン！
最初の水はすぐ捨てる
手の平のふっくらした部分でキュッキュッととぐ

調理メモ

●1合とカップ1のちがいとは？

1合＝180cc。炊飯器についている付属のカップも、1杯1合(180cc)。料理に使う一般的な計量カップは1杯200cc。水の目盛りのない土鍋で炊くときは、米2合(360cc)であれば同量の水を加えればよい。

ここがポイント！

●最初のとぎ汁は…

最初のとぎ水はすぐに捨てること。とぐ前の米は吸水が早いため、ぬか臭さが移ってしまう。

●米と水の割合は1:1

水は米の容量の1.2倍が原則だが、洗米するときすでに米は水を吸っているので、同量の水でOK。

ダイエットの力強い味方！

米から炊く定番白がゆ

■材料（2人分）

米……½カップ（90cc）
水……2½カップ（500㎖）

①といだ米を土鍋（または行平《ゆきひら》鍋）に入れ、水を加えて30分ほど吸水させ、火にかける。

②沸騰したら弱火にしてフタをし、30分ほどコトコト煮る。途中で水が少なくなったら足して（分量外）、ふたたび煮る。

③米が十分ふやけて透き通った状態になったら火を止め、5～10分蒸らせば完成。好みで梅干しや塩をそえる。

鉄の鍋は使わないで

食欲のないときにおすすめ

梅干し
おいしい……
30分
吸水させる
弱火で
30分
炊き上ったら
蒸らす

時間がないときは

●炊いたごはんで 10分！クイックがゆ

土鍋にごはんとひたひたの水を入れて中火にかける。沸騰したら弱火にし、フタをズラし、水を足しながら好みのやわらかさになるまで煮る。水を加えるとカサが増えるので、ごはんの量は少なめで。

ここがポイント！

●やたらまぜてはダメ

粘《ねば》りが出てしまうので、火にかけている途中はあまりかきまぜないようにするのがコツ。

●鉄の鍋はNG

鉄製の中華鍋では作らないこと。長時間煮ると鍋のサビが米に移り、米の色が悪くなってしまう。

■材料（4個分）

ごはん…………茶碗4杯分
塩………………適量
のり……………1枚
梅干し…………1個

手も汚れない！

ラップ式まん丸**おにぎり**

①温かいご飯に塩をふりかけて混ぜこんでおく。お椀（味噌汁の椀など）にラップを広げて中央をくぼませ、ご飯を入れる。

②ご飯の中央に梅干しを置き、ラップの周囲を持ち、茶巾《ちゃきん》しぼりのようにギュッとしぼって、丸い形にする。

③すぐに食べるときは、ラップをはがしてのりを巻く。弁当のときは、ラップのまま持ち運ぶと便利。

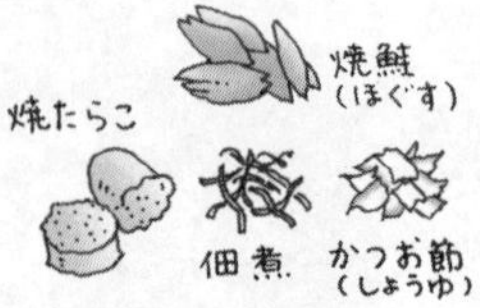

具はお好みで

子どもでもできる簡単おにぎり

メニューアレンジ

●スモークサーモンの手毬寿司

温かいご飯にすし酢をまぜて酢飯にし、冷《さ》ます。広げたラップの中央にスモークサーモン、その上に酢飯をのせて茶巾しぼりにする。丸い形に整えたらラップをはずし、サーモンを上にして盛り付ける。

ここがポイント!

●ご飯に味をつける

ご飯にあらかじめ塩をまぜ込んでおくのがポイント。細かく刻んだ漬物やじゃこをまぜてもいい。

●お椀の中でゆする

お椀にご飯と具を入れたら、2〜3回左右にゆするとご飯がまとまって、ラップでしぼりやすい。

刺身を使うから早い！

料亭の味の鯛茶漬け

■材料（2人分）

鯛の刺身……100g
ごはん………どんぶり2杯分
しょうゆ……㊅1
白炒りごま…適量
わさび………適量
煎茶…………適量

薬味は好みで用意して

①鯛《たい》の刺身に、しょうゆと白炒りごまをからめておく。

②温かいごはんをどんぶりに盛り、①の刺身をのせる。

③②に熱い煎茶《せんちゃ》をかけ、わさびをそえる。好みで薄めの味にととのえた熱いだし汁をかけてもうまい。

ごまじょうゆに漬けた刺身とお茶の風味が絶妙!

バリエーション

●うなぎの蒲焼きでご馳走うな茶漬け

うなぎの蒲焼きを魚グリルであぶり、一口大に切る。どんぶりに温かいごはんとうなぎをのせ、熱々のだし汁(顆粒《かりゅう》和風だしの素《もと》を熱湯で割る)をかける。粉山椒、刻んだ万能ねぎ、わさびをそえる。

もうひと手間!

●薬味アレコレ

ごまのほか、刻んだみつ葉、青じそ、のりが定番トッピング。たくあんやザーサイを刻んでも美味。

●お茶の種類を変えても

ほうじ茶や番茶など、好みのお茶でアレンジを。熱々で、香りよくいれたものを使うのがポイント。

■材料(8個分)

温かいごはん……2合分
すし酢……………㊀2
油揚げ……………4枚
めんつゆ(市販)…250mℓ
砂糖………………適量

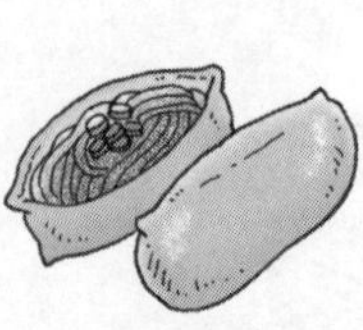

そばを詰めればそばいなり

油揚げをめんつゆで煮る！

簡単いなり寿司

①油揚げを半分に切り、袋状に開く。熱湯をかけて油抜きし、水気をしぼる。

②鍋にめんつゆを入れ、味をみながら砂糖を加えて火にかける。煮立ったら油揚げを入れて煮詰める。煮汁は濃いめの甘辛《あまから》味にするのがコツ。

③温かいごはんにすし酢を入れて、手早くまぜる。油揚げに酢飯を詰め、端を折りたたむ。

めんつゆを使うからラクチン！

油揚げに
つめる
すしめしを
軽く形づくって
おくと入れやすい
すし酢
さとう
めんつゆ
ひらいておく
油抜き

バリエーション

●中身を日本そばに　そばいなり

酢飯のかわりにそばを入れると、あっさりした「そばいなり」になる。油揚げは、手順どおりに甘辛く煮て冷ましておく。そばをゆであげ、すし酢とあえて冷ます。油揚げにそばを詰め、端を折りたたむ。

裏ワザ！

●木製の鍋ぶたで油揚げの水気を絞る

熱湯で油抜きした油揚げは、しっかり水気をしぼってから煮ないと、味の含みが悪くなる。

破れやすい油揚げの水気を切るには、油揚げをまな板の上にのせ、木製の鍋ぶたをかぶせてギュッと押すといい。

小学生でも失敗しない！
パラパラ黄金チャーハン

■材料（2人分）

ごはん	茶碗4杯分
ねぎ	½本
卵	1〜2個
ハム	2枚
中華調味料	少々
サラダ油	㊅1

火をつける前に材料の用意を

①ラップをせずに、ごはんを電子レンジで加熱する。温まったごはんにサラダ油を入れ、まんべんなくまぜる。

②ねぎとハムを細かく刻み、卵は溶いておく。フライパンを強火で熱し、①のごはん、溶き卵の順に入れて炒める。

③卵に火が通ったら、ねぎとハムを加えて炒め、中華調味料、塩、こしょうで味付けする。

ごはんに卵をからめるように

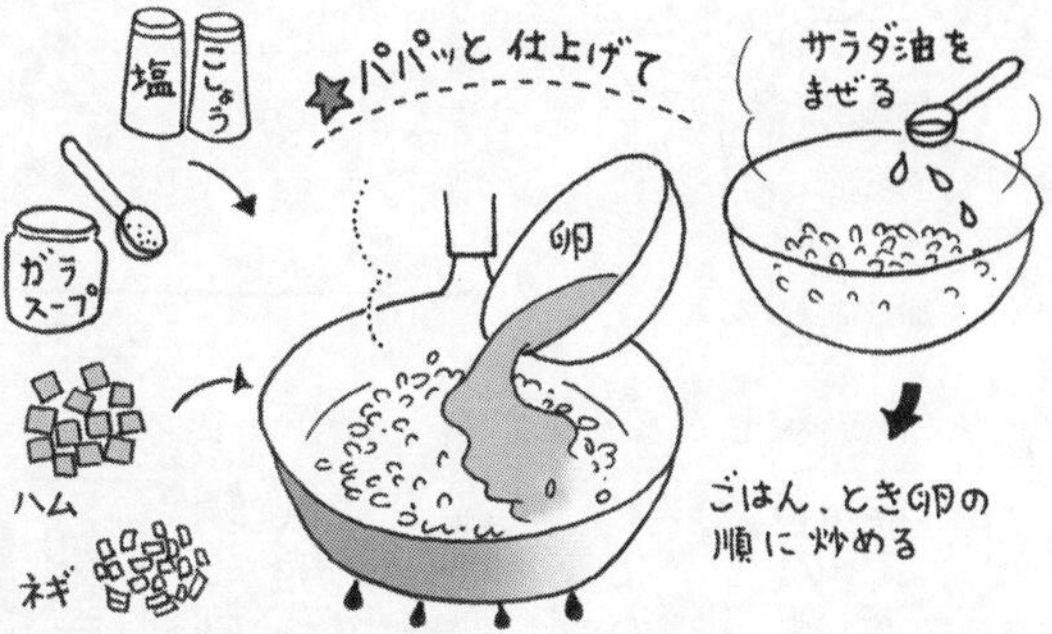
塩
こしょう
ガラスープ
ハム
ネギ
パパッと仕上げて
卵
サラダ油をまぜる
ごはん、とき卵の順に炒める

裏ワザ！

●ごはんに油をまぜる

ごはんと油をまぜてから炒めると、ごはん一粒一粒に油の膜《まく》ができて、パラパラに。

●卵も混ぜておく

ごはんに溶き卵をまんべんなく混ぜておき、炒める手もある。炒り卵ができない人はこの方法で。

ここがポイント！

●一度に大量につくらない

ごはんを大量に炒めると粘りが出てうまくいかない。一度に作るのは、ご飯茶碗３～４杯分まで。

●強火で一気に

チャーハンは強火でいっきに炒めないとベタッとしてしまう。冷やごはんは温めてから使うこと。

魚初心者でも大丈夫！
刺身で作る手抜き鯛めし

■材料（3〜4人分）

鯛の刺身	10枚
米	2合
昆布	1枚
薄口しょうゆ	㊅1
酒	少々

水加減は少なめに

①鯛《たい》の刺身に塩をふり、20分置く。魚焼きグリルで両面をこんがり焼く。

②洗った米を炊飯器に入れ、水、酒、薄口しょうゆを加え、昆布をのせる。水はふだんより少なめに。

③①の鯛が焼きあがったら②の上に並べ、炊飯器で通常どおり炊く。

グリルで一度焼くから香ばしい

バリエーション

●干物で作る鯛めし

鯛の干物《ひもの》1枚をグリルで焼く。炊飯器に洗った米2合、水、昆布1枚、薄口しょうゆ大さじ1を入れて鯛の干物をのせふつうに炊く。炊き上がったら干物を取り除き、器に盛る。身をほぐしてごはんにまぜてもいい。

ここがポイント!

●魚の生臭さをとる

刺身に塩をふってグリルで焼き色をつけることで臭みがとれ、香ばしく炊き上がる。

●水加減に注意

炊き込みご飯の類は、米がベチャッとしているとおいしくない。米の水加減は通常よりも少なめに。

■材料（2人分）

米	2合	A しょうゆ	大1½
鶏むね肉	70g	A みりん	小1
ごぼう	¼本		
干ししいたけ	1個		
油揚げ	½枚		

具は自由に増やして！

四目でも五目炊き込みごはん

①鶏むね肉を2㎝角くらいに切り、熱湯で軽く下ゆでする。油揚げは熱湯にくぐらせて油抜きし、水気をしぼって、2㎝長さの千切りにする。

②干ししいたけを戻し（153ページ参照）、ごぼうはささがき（左ページ参照）にする。①をAの調味料にまぶして5分ほど置く。

③米をといで炊飯器に入れ、②を入れて大きくまぜ合わせ、ふつうに炊く。炊き上がったら、全体をさっくりまぜる。

下ごしらえさえすれば、あとは炊くだけ

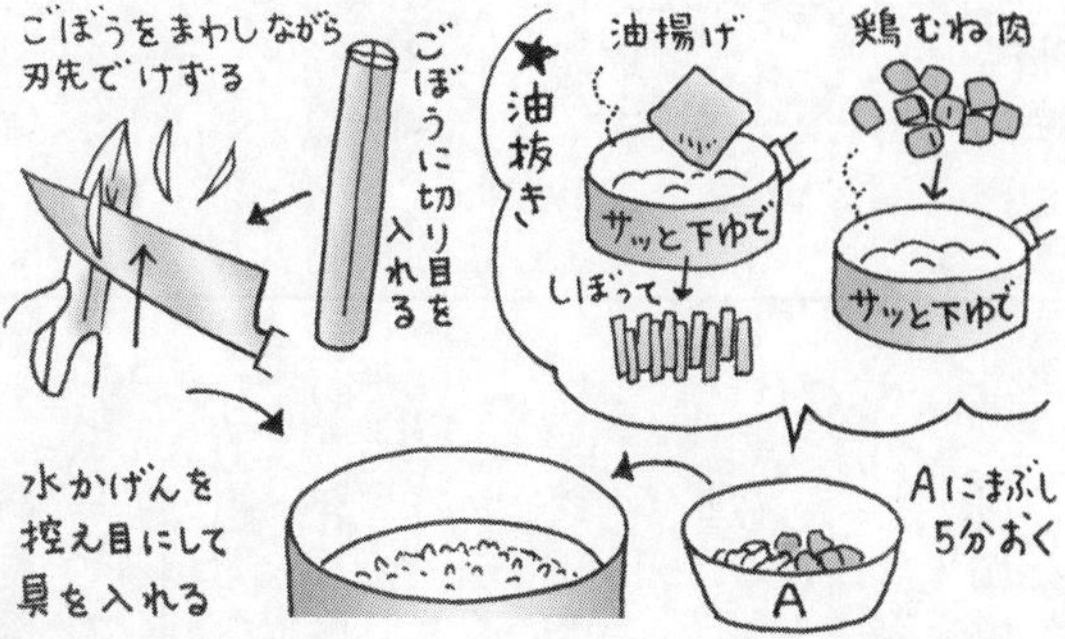
ごぼうをまわしながら
刃先でけずる
ごぼうに切り目を入れる
★油抜き
油揚げ
サッと下ゆで
しぼって
鶏むね肉
サッと下ゆで
水かげんを
控え目にして
具を入れる
Aにまぶし
5分おく
A

調理メモ

●ごぼうのささがき

①ごぼうをよく洗ってドロを落としたら、包丁の背を直角にあて、ごぼうの皮をこそげとる。
②縦に切り目を数本入れ、ごぼうをまわしながら鉛筆を削るようにして、薄く削り落としていく。

ここがポイント！

●油揚げは油抜きが肝心

油揚げは味がしみこみにくい。熱湯にくぐらせてしっかり油抜きをすると、味の含みがよくなる。

●保温するのは×

保温すると風味が落ちるので、炊き上がったらスイッチを切っておく。冷めたら電子レンジで。

フライパンでいっきに2人前！

とろ〜り親子丼

①鶏肉をひと口大に切り、酒少々（分量外）に漬けて臭みをとる。玉ねぎは薄切りにする。

②フライパンにAを入れて火にかけ、煮立ったら鶏肉、玉ねぎを加えて弱火で3分煮る。

③②の玉ねぎがしんなりしたら、溶き卵を回し入れ、フタをして弱火で30秒〜1分煮て半熟にする。

丼《どんぶり》に盛ったご飯の上に盛り付ける。

■材料（2人分）

ごはん	丼2杯分	A めんつゆ（市販）	㊅2
鶏もも肉	100g	A しょうゆ	㊅1
玉ねぎ	1個	A 砂糖	㊅1
溶き卵	2個分	A 水	50mℓ

フライパンで作るから、一度に2人分もラクラク

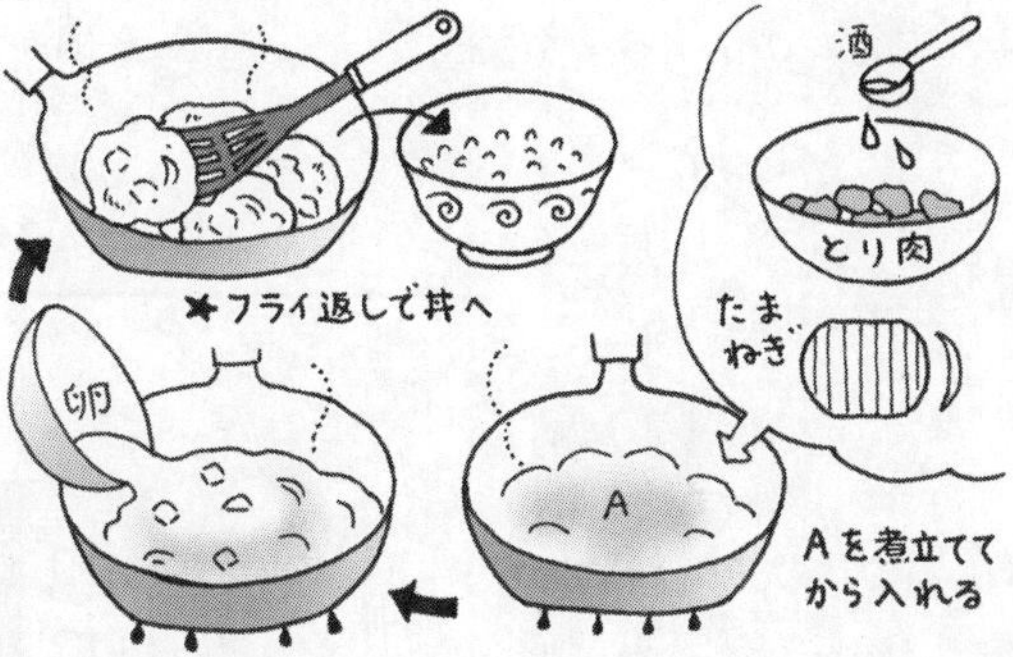

バリエーション

●牛肉で"他人丼"

鶏肉のかわりに、牛肉の薄切りを使えば、すきやき風の丼メニューに。

牛肉の薄切りは火の通りが早いので、手早く調理するのがコツ。卵でとじなければ牛丼になる。玉ねぎのかわりに長ねぎを使っても。

ここがポイント!

●深鍋は向かない

フライパンを使うのがポイント。フライ返しを使えば、きれいに丼《どんぶり》に盛り付けられる。

●鶏肉は煮立ってから

鶏肉は、煮汁が煮立ってから入れるのがポイント。表面がすぐにかたまり、旨味が汁に流れ出ない。

■材料（2人分）

カツ(揚げたもの)…2枚
ごはん……………丼2杯分
玉ねぎ……………½個
溶き卵……………2個分
めんつゆ(市販) …100㎖

薄めのカツがおいしい

買ったカツとめんつゆで！

他力本願の**カツ丼**

①フライパンに、薄くスライスした玉ねぎ、めんつゆを入れて煮る。（濃縮タイプの場合は、水で割ったものを100㎖）

②2㎝幅に切ったカツを①に入れる。カツが軽く汁気を吸ったら、溶き卵をカツの上に流してフタをし、30秒加熱する。

③ごはんを丼によそい、②をのせる。

味付けはめんつゆにまかせて

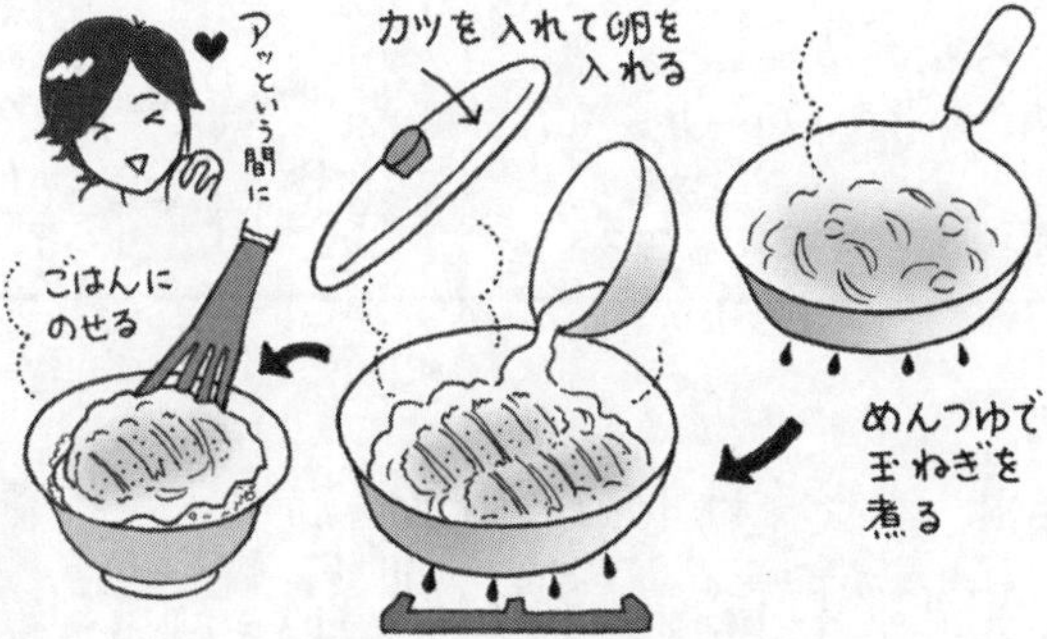

プロの技

●卵のまぜすぎ厳禁

白身と黄身は固まる温度が違うので、あまりまぜないほうが食感にバリエーションが出てうまい。卵をほぐすときは、さい箸で黄身を２～３度つついて崩す程度にとどめる。卵を流したら「強火で30秒」で火を止めること。

ここがポイント！

●冷めたカツは×

カツが冷たくなっているときは、あらかじめオーブントースターなどで軽く温めておくといい。

●カツは薄めのほうが○

肉厚のカツよりも、薄めのほうが味がしみこんでうまい。厚さ１㎝のカツを使えばベスト。

■材料（2人分）

ごはん	丼2杯分	すし酢	適量
むきえび	2尾		
いくら	㊅2		
きぬさや	少量		
刻みのり	少量		
薄焼き卵	1個分		

電子レンジが大活躍！

華やぎちらし寿司

①薄焼き卵（106ページ参照）は細く切り、錦糸《きんし》卵にする。きぬさやは筋をとって電子レンジで加熱し、細切りにする。

②むきえびは、酒をふって電子レンジで加熱し、薄く半身に切る。すし酢を熱いごはんに加え、切るようにまぜて冷ます。

③丼にごはんをよそい、①、②の具を彩りよく盛りつけ、いくら、刻みのりをのせる。

具の少なさはイクラでカバー。じゅうぶんうまい

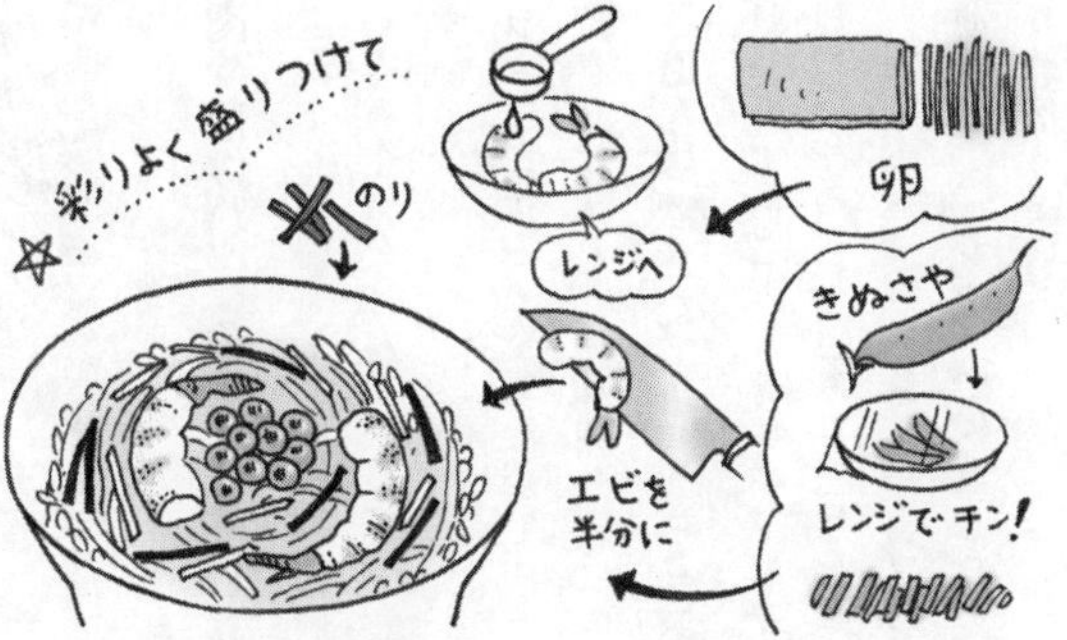

もうひと手間!

●具を増やすと豪華

ちらし寿司には、干ししいたけ(戻して細切り)、レンコンの薄切り、にんじんの細切りなどが合う。これらの材料に、しょうゆ、みりん、酢(各少々)を加えて電子レンジで加熱し、冷ます。酢飯とさっくりまぜあわせればOK。

ここがポイント!

●ごはんは熱々を

酢飯にするときは、熱いごはんを使うのが鉄則。大きな平たい器に入れ、手早くまぜるのがコツ。

●卵をいちばん先に焼く

薄焼き卵を最初に焼いて冷ましておくと、調理がスムーズに。その間にほかの材料を調理する。

おいしい豆知識③

フリージングの〈超〉基本テクニック

肉や魚はパックのまま冷凍しない

発泡トレイのままでは冷気が伝わりにくく、空気を含んでいるので酸化しやすい。

ラップに包み、空気を追い出してから保存袋に入れ、冷凍庫へ。

ごはんは炊きたての状態で包む

炊きたてのごはんをラップに平らにのばしてぴっちり包み、粗熱《あらねつ》をとってから冷凍庫へ。水分量をキープしたまま凍るので、ジャーで保温したごはんより断然うまい。

生の野菜を冷凍保存するコツ

●長ねぎ…ブツ切りにして水洗いし、水気を拭いてポリ袋に入れて冷凍庫へ。

●大根、しょうが、にんにく…すりおろしてから、小分けにして冷凍庫へ。

●しいたけ、しめじ…水洗いしないで袋に入れ、そのまま冷凍保存ＯＫ。

生のまま冷凍できない野菜

カボチャ、じゃがいも、玉ねぎ、なす、にんじんなどは、生のまま冷凍庫へ入れてはダメ。一度加熱調理してから冷凍庫へ入れるように。

じゃがいもは凍るとボロボロになる。ポテトサラダにしてから冷凍保存するといい。

10

カラダにやさしい！
基本の【汁もの】メニュー

ごはんに味噌汁、パンにはスープ。食事に汁ものは欠かせません。食卓に毎日あがるものだから、とびきりおいしく、そして手軽に作りたいものですね。

■材料(2人分)

玉ねぎ…………………1個　バター………………少々
フランスパン
……………2枚(薄切り)
ピザ用チーズ…………適量
固形コンソメ…………2個
パセリ(乾燥でも可)……少々

レンジを使って時間節約!

トロうま**オニオングラタンスープ**

①細切りにした玉ねぎにバターをのせ、やわらかくなるまでラップをせずにレンジで加熱する。

②鍋に①の玉ねぎを入れて炒める。あめ色になったら水600㎖、固形コンソメを加え、煮立てる。塩、こしょうで味をととのえる。

③耐熱容器に②のスープを入れ、こんがり焼いたフランスパンとチーズをのせてトースターで焦げ目がつくまで焼く。パセリを散らす。

玉ねぎの甘さを十分引き出そう

たまねぎを
じっくり炒める
コンソメ
水
バターを
のせて
チン

時間がないときは

●市販の炒め玉ねぎで さらにスピーディ

玉ねぎはじっくり時間をかけて炒めるのがおいしさの秘訣だが、スピーディに作るには、「炒め玉ねぎ」（市販品）を利用するといい。玉ねぎを切ったり、炒めたりする手間が省けるので、10分以内で完成！

ここがポイント！

●スライサーを利用

玉ねぎの細切りはスライサーを使って切るとラク。時間短縮にもなるし、火の通りが均一になるため味わいもアップ。

●絶対に焦がさない

玉ねぎは、決して焦がさないようにじっくり炒めるのがコツ。

■材料（2人分）

固形コンソメ…………1個
トマト…………………2個
玉ねぎ…………………½個
じゃがいも……………1個
ベーコン………………1枚
オリーブ油……………㊅1
マカロニ………………50g

残り野菜を放り込め！

ごった煮風ミネストローネ

①マカロニをゆでる。ベーコンと野菜は1㎝角に切り、オリーブ油を熱した鍋で炒める。

②鍋に水400㎖と固形コンソメを加え、炒めた具を入れて煮立てる。

③②にゆで上がったマカロニを加え、3分煮る。

仕上げに粉チーズをかけると、本格イタリアンにグッと近づく

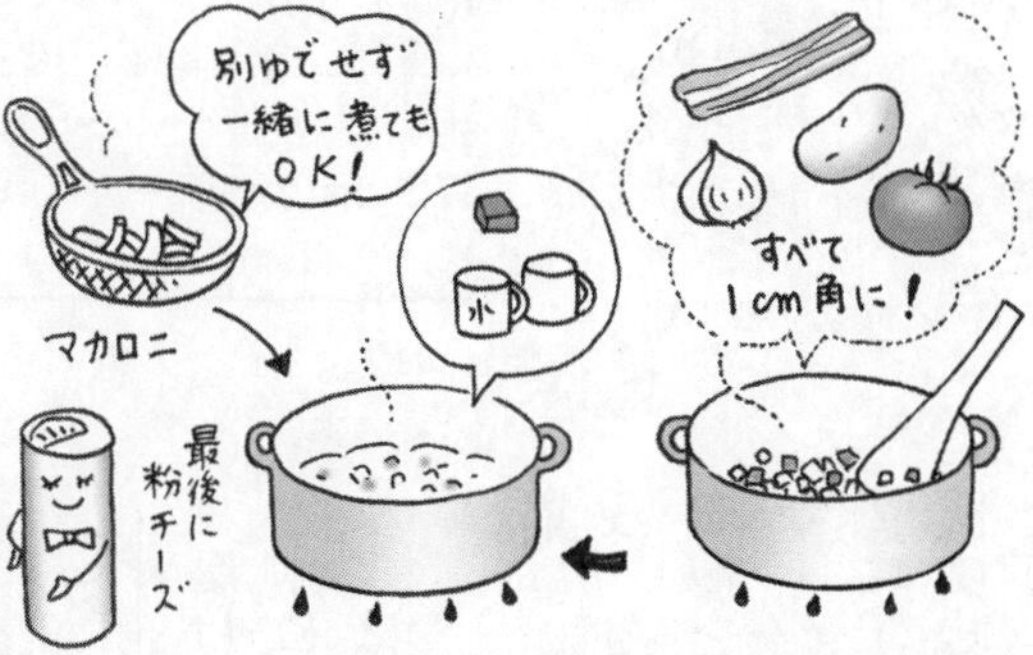

バリエーション

●冷蔵庫の大掃除スープ

ミネストローネは、イタリア版けんちん汁。野菜の種類にこだわらずに、キャベツ、ブロッコリー、セロリ、きのこなど冷蔵庫の残り物をボンボン放り込んでOK! 生トマトがなければ、トマトジュースやホール缶で代用も。

時間がないときは

●マカロニもひと鍋で

マカロニを別ゆでせず、手順②で野菜といっしょに鍋に入れて煮込めば時間短縮に。

●野菜をチン!

切った野菜類を1つの容器に入れ、電子レンジで加熱しておくと、炒める時間が節約できる。

"煮えばな"がいちばんうまい!

ご飯によく合う豆腐とわかめの味噌汁

■材料(2人分)

豆腐……………………½丁
乾燥わかめ……………5g
和風だしの素(市販)…少量
味噌……………………(大)2
ねぎ……………………適量

①豆腐は1cmの角切りにする。わかめは5分ほど水に浸けて戻し、一口大に切る。ねぎは小口切りにする。

②鍋に400mlの水を入れ、ひと煮立ちしたら、だしの素を入れる。水の分量は、味噌汁の椀を使って2杯分はかると便利。

③②に①の豆腐、わかめ、ねぎを入れる。こし器に味噌を入れて溶かし、味をみながら量を調節する。

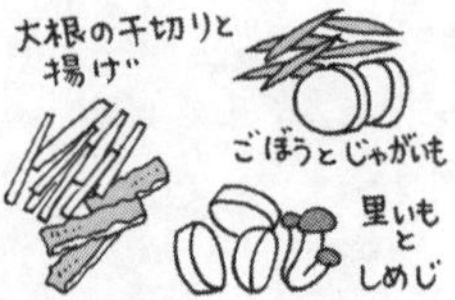
大根の千切りと揚げ
ごぼうとじゃがいも
里いもとしめじ
いろいろな具でためして

毎日でも飽きない定番中の定番

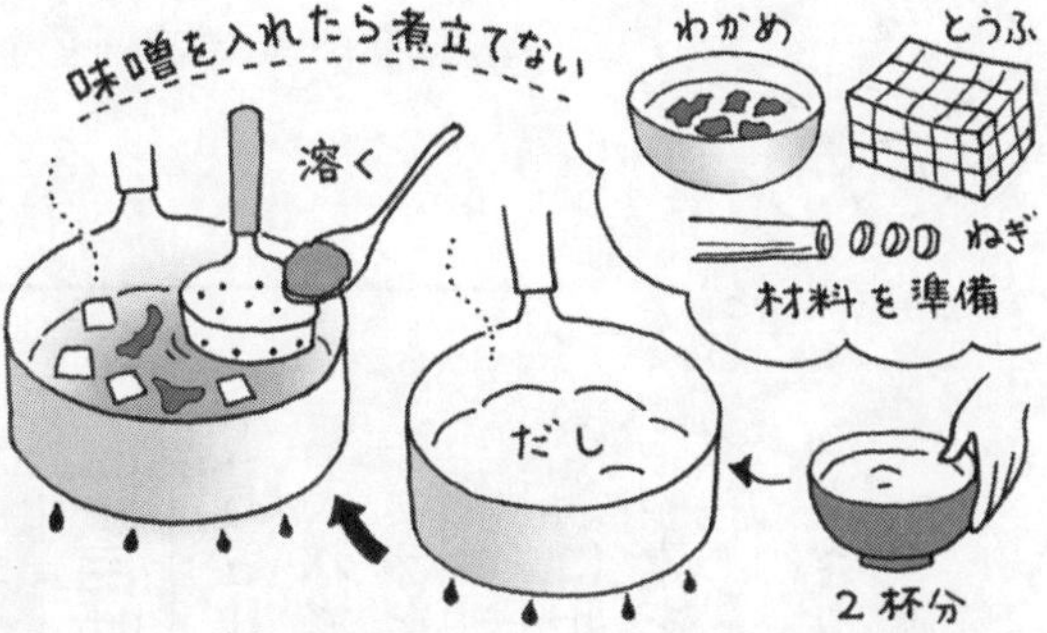
味噌を入れたら煮立てない
溶く
わかめ
とうふ
ねぎ
材料を準備
だし
2杯分

調理メモ

●だしのとり方

水1ℓ、昆布8×8㎝1枚を鍋に入れて弱火にかける。沸騰直前で火を止め、削り節20gを入れる。削り節が鍋底に沈んだら、茶こしでこせばできあがり。昆布はあらかじめ水に浸しておくと、よりいいだしが出る。

ここがポイント！

●グラグラ煮立てない

味噌汁は“煮えばな”がいちばんうまいといわれる。煮えばなとは、味噌を入れて煮立ちかけた瞬間のことだ。そのタイミングで火を止め、それ以上グラグラ煮立てないようにしよう。火を通せば通すほど、味噌の香りがとんでしまう。

■材料（2人分）

カラつきあさり	150g
味噌	㊇2
和風だしの素（市販）	㊅1

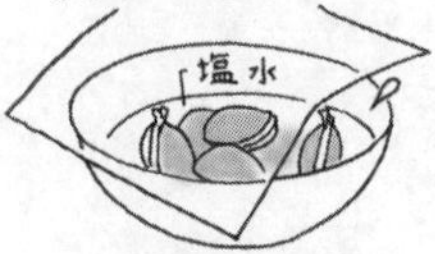
紙などで暗くしておく
塩水
砂抜きはしっかりと

作ってみればいとも簡単！

旨味たっぷりあさりの味噌汁

①あさりは塩水（海水と同じくらいの塩加減）に入れて砂をはかせる。砂抜きしたら、カラとカラをこすりあわせるようにして洗う。

②鍋に400㎖の水を入れ、①のあさり、だしの素を入れて中火にかける。

③あさりのカラが開いてきたら、味噌を溶き入れ、沸騰する前に火を止める。

朝食にも、飲んで帰った夜にも飲みたい家庭の味の定番

貝が開いたら
みそをとく
必ず水から煮る
カラを
よく洗う

バリエーション

●しじみのみそ汁

あさりは海でとれる貝。それに対してしじみは川でとれる貝。したがって、しじみの砂抜きは、海水ではなく「真水」に入れて砂をはかせる。砂抜き以外は、あさりとまったく同じ手順。薬味にはみつ葉や万能ねぎが合う。

ここがポイント!

●砂抜き済みでも…

砂抜きしてある貝でも、砂が残っている場合がある。1時間ぐらい砂抜きをしたほうがよい。

●貝は水から

あさりやしじみなど貝類の味噌汁は、水から火にかけると、いいだしがとれ、旨味が増す。

穴あきお玉で失敗なし！

ふんわり満開**かきたまスープ**

■材料（2人分）

卵……………………………1個
みつ葉……………………½把
和風だしの素（市販）…小1
しょうゆ…………………小1

①みつ葉はザク切りにする。卵をボウルに割り入れ、ほぐしておく。

②鍋に水400㎖を入れ、だしの素、しょうゆを入れて煮立てる。

③②の鍋がしっかり煮立ったら、卵液を細い糸のように垂《た》らしながら、少しずつ加える。みつ葉を加えて火を止める。

中華だしの素を使えば中華風に

穴あきお玉を使えばもっと簡単！

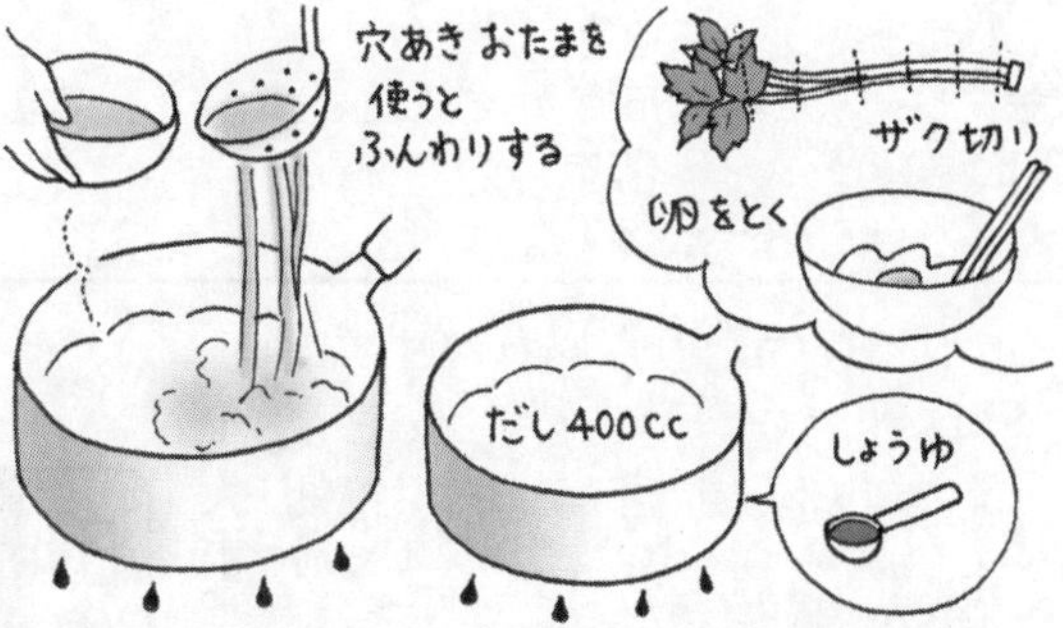
穴あきおたまを
使うと
ふんわりする
ザク切り
卵をとく
だし400cc
しょうゆ

バリエーション

●中華風かき卵スープ

手順はまったく同じだが、ベースのスープに中華だしの素を使い、きくらげやしめじを入れれば、中華風かき卵スープになる。卵を入れたら塩、こしょうで味をつけ、ごま油をひとたらし。チャーハンにそえたい一品。

ここがポイント！

●ふんわり卵のコツ

卵液を穴あきお玉に通し、30㎝くらい高い位置から、糸をひくように細く入れること。

●澄んだスープのコツ

卵液を加えてしばらくすると表面に卵が浮いてくる。それを確認してからまぜると汁がにごらない。

■材料（2人分）

豆腐	½丁	和風だしの素	㊖1
里いも	1個	しょうゆ	㊍1
生しいたけ	2枚	酒	㊍1
大根	5㎝	ごま油	適量
ごぼう	½本		
にんじん	½本		

じんわり温まる！

田舎風けんちん汁

①大根、にんじんは半月切りにし、ごぼうは輪切りにする。里いもは皮をむいて¼に切る。しいたけは石づきを取り、¼に切る。

②鍋にごま油を熱して野菜を炒め、油が全体に回ったら豆腐を加え、ざっと炒める。

③②の鍋に水４００㎖、和風だしの素を入れて火にかける。沸騰したら、酒としょうゆを加えて煮立て、塩で味をととのえる。

11

家族のだんらんに！
基本の【鍋もの】メニュー

調理が簡単で野菜もたっぷりとれる鍋もの。冬はあつあつの湯豆腐、夏はスタミナ満点のキムチ鍋など、季節に合わせて一年中楽しみましょう。

シンプルでうまい！スピード湯豆腐

■材料（2人分）

豆腐……………………1丁
だし昆布………10cm角1枚
万能ねぎ………………適量
削り節…………………適量
おろししょうが……適量

柚の皮やすだちのしぼり汁を入れると風味アップ

①土鍋を用意し、だし昆布を鍋の底に入れ、水を注ぎ入れて20～30分置く。

②鍋に火をかけ、熱くなったら、豆腐を8等分して加える。

③小さな器に刻んだ万能ねぎ、おろししょうが、削り節を入れ、しょうゆを入れる。豆腐が熱くなれば、食べごろ。

豆腐がゆらゆらしたら食べごろのサイン

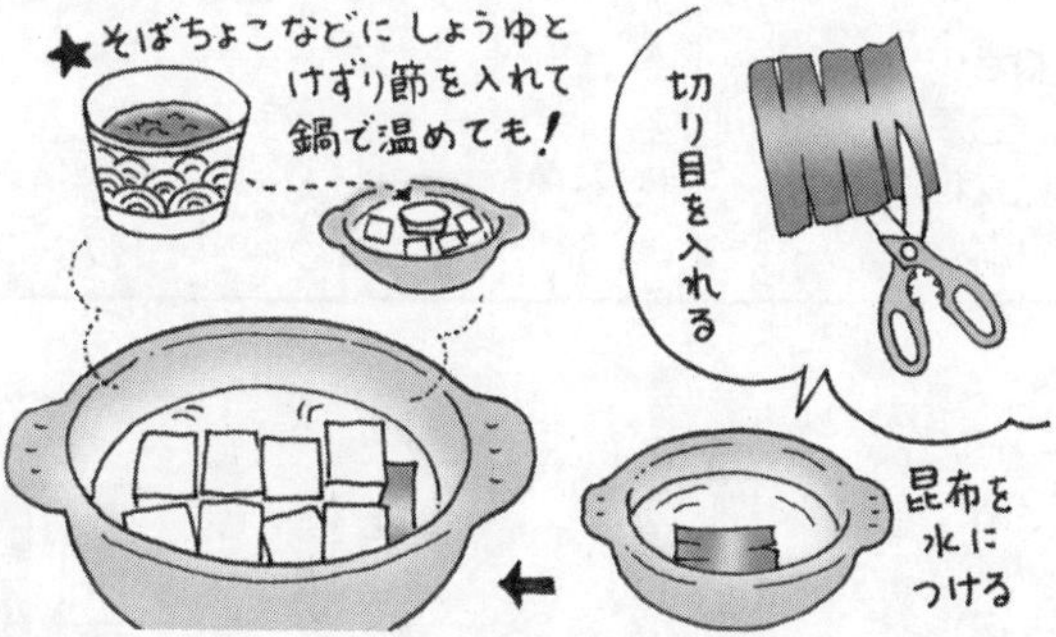
★そばちょこなどにしょうゆとけずり節を入れて鍋で温めても！
切り目を入れる
昆布を水につける

もうひと手間！

●昆布に切り目を入れるか、細く切る

だし昆布は数か所キッチンバサミで切り目を入れて水につけると、だしが出やすい。
急ぐときは、昆布を細く切って水に入れ、すぐに火にかけてもOK。昆布はそのまま具として食べられる。

ここがポイント！

●豆腐の食べごろは

豆腐が鍋の中でゆらゆら動きはじめたら、食べごろのサイン。煮えたら弱火にする。

●寒い冬ならこうする！

しょうゆや薬味の入った小さな器を、湯豆腐の鍋に入れて温めると、豆腐が冷めない。

■材料(4人分)

牛ロース肉(すき焼き用)………500g	春菊……………1束
長ねぎ……………2本	卵……………4個
焼き豆腐……………1丁	しらたき……………1袋
しいたけ……………8枚	A 砂糖、酒……各㊅4
ヘッド(牛脂)………20g	A みりん……㊅3
	A しょうゆ……½カップ

割り下を注いで焼く!

関東風すき焼き

①しらたきは熱湯でゆでて水洗いし、5~6㎝に切る。そのほかの材料は食べやすく切る。鍋に水300㎖とAの材料を入れ、ひと煮立ちさせて、割り下を作る。

②すき焼き鍋を熱し、ヘッドを塗って取り出す。割り下を少量注ぎ、牛肉を入れてサッと焼く。

③春菊《しゅんぎく》以外の材料を鍋に並べ、割り下を足す。春菊は一呼吸おいてから入れて煮る。煮えたものから、溶き卵をつけて食べる。

割り下を少なめにするのがポイント!

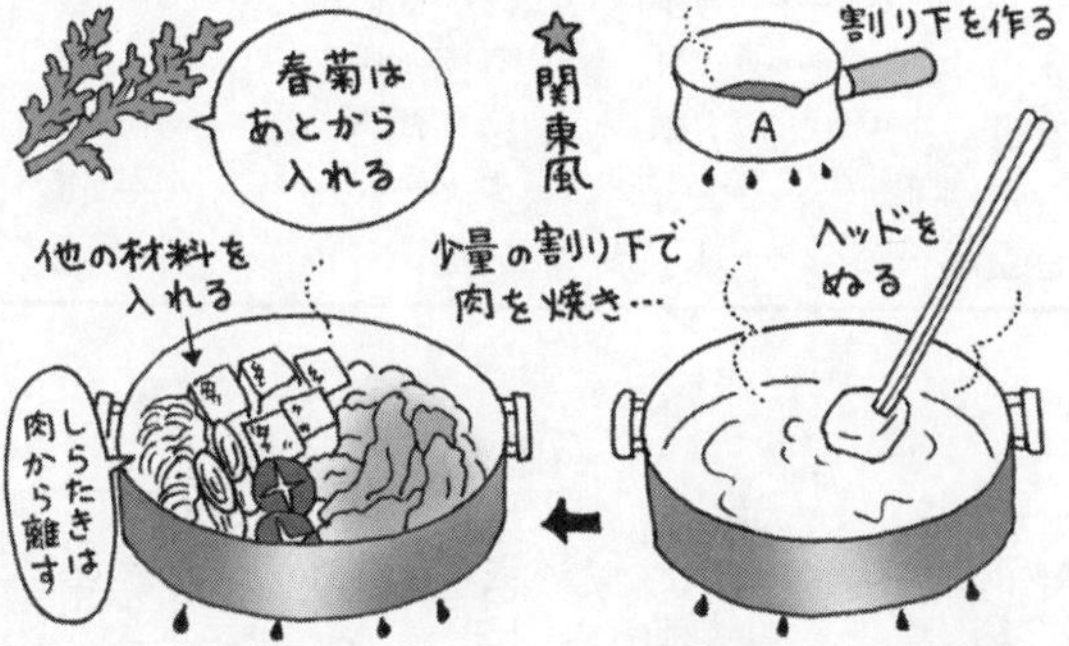
春菊は
あとから
入れる
☆関東風
割り下を作る
A
ヘッドを
ぬる
少量の割り下で
肉を焼き…
他の材料を
入れる
しらたきは
肉から離す

プロの技

●しらたきは肉から離して置く

関東風・関西風どちらにも共通の注意点は、しらたきを下ゆでしておくことと、牛肉から離れた位置に入れること。しらたきはアクが強く、牛肉の近くに入れると、風味を損なってしまう。

ここがポイント!

●春菊は最後

火の通りが早い春菊は、ほかの材料を入れたあと、一呼吸おいて入れる。麩《ふ》を入れる場合も同様。

●割り下は少なめに

すき焼きは強火で煮るが、焦げつき予防に割り下の入れすぎは×。“すき煮”になってしまう。

■材料（４人分）

牛ロース肉（すき焼き用）……500g	卵……4個
しょうゆ……㊅6	しいたけ……8枚
長ねぎ……2本	春菊……1束
ヘッド（牛脂）……20g	しらたき……1袋
焼き豆腐……1丁	塩……適量
	砂糖……㊅6

味つけは砂糖としょうゆだけ！

関西風すき焼き

①しらたきはゆでて水洗いし、5〜6㎝に切る。そのほかの材料は食べやすく切る。

②すき焼き鍋を熱し、ヘッドをまんべんなく塗ったら取り出す。鍋の中央に牛肉を置いてサッと焼き、材料を並べ入れる。春菊は最後に入れる。

③砂糖を牛肉の上にのせ、しょうゆを野菜の上からかける。水分が出てきたら砂糖をからませ、煮えたものから、溶き卵をつけて食べる。

砂糖としょうゆで味付けするのが関西風

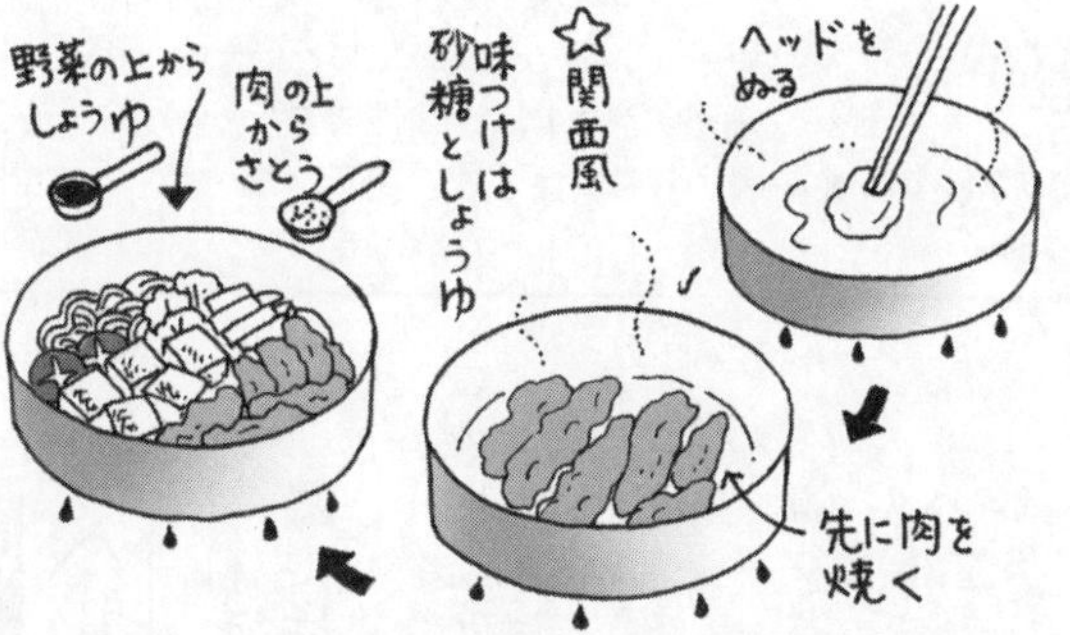

野菜の上からしょうゆ
肉の上からさとう
☆関西風
味つけは砂糖としょうゆ
ヘッドをぬる
先に肉を焼く

もうひと手間！

●白菜や玉ねぎで水分を

水分の少ない野菜ばかりだと焦げつきやすい。白菜や玉ねぎなど水分の多い野菜を使うといい。

●こまめに動かす

鍋底に水分がたえず回るように、肉や野菜をこまめに動かすといい。

ここがポイント！

●味をからませるには

牛肉の上に砂糖、野菜の上からしょうゆをかけるのがポイント。これで全体に味がしみわたる。

●材料は少しずつ入れる

割り下を使わない関西風すき焼きは水分が少ない。焦げつかないよう、少しずつ焼いて食べよう。

■材料(4人分)

牛薄切り肉(しゃぶしゃぶ用)	500g	たれ(市販)	適量
大根	¼本	長ねぎ	2本
白菜	2枚	しいたけ	4枚
鷹の爪	1本	その他野菜	お好みで
春菊	1束	だし昆布	10㎝1枚
		万能ねぎ	5〜6本

家にある野菜もたっぷり!

ヘルシーしゃぶしゃぶ

①材料を食べやすい大きさに切る。鍋に昆布と水を入れて旨味を出しておく。

②薬味を用意する。大根の中央にさい箸で穴をあけ、種をのぞいた鷹《たか》の爪を差し込んでおろし金ですり、紅葉《もみじ》おろしに。万能ねぎは刻む。

③鍋を煮立て、野菜を入れる。牛肉は1枚ずつ入れてサッと火を通し、薬味を入れたポン酢やごまダレなど、好みのタレで食べる。

アクはこまめにとろう！

アクをすくって
次の野菜・肉を
入れよう

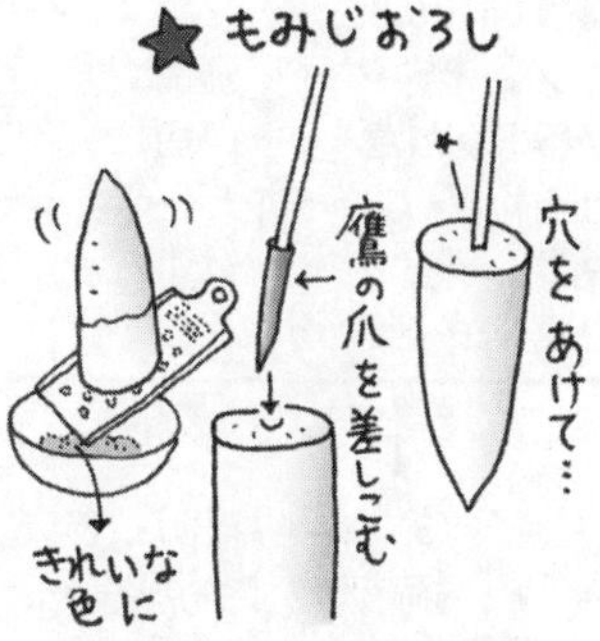
★もみじおろし
穴をあけて…
鷹の爪を差しこむ
きれいな
色に

もみじおろしの作り方

バリエーション

●鍋の最後は、うどんや中華麺でシメる

鍋を食べ終わったら、麺でシメるのがしゃぶしゃぶのお楽しみ。アクをすくって鍋をきれいにしたら、うどんや中華麺を入れて煮る。小さな器に鍋の湯ごと、麺を入れ、塩、こしょうしていただく。

ここがポイント！

●固い材料は下ゆでを

沸騰する鍋にサッと材料を通して食べるのがしゃぶしゃぶの醍醐味。固い野菜は下ゆでしておくと、鍋の温度が下がることがない。

●アクをこまめにとる

鍋に浮いてくるアクはこまめにすくっておくこと。

■材料（4人分）

鶏もも肉	2枚	ねぎ	1本
タレ(市販)	適量	春菊	1束
たらの切り身	4切れ	にんじん	½本
万能ねぎ	5〜6本	その他好みの野菜	適量
豆腐	1丁	昆布	10㎝1枚
白菜	2枚		

下処理のラクな材料で！

なんでも寄せ鍋

①たらの切り身は4㎝ほどに切り分け、熱湯を回しかける。鶏肉は筋や黄色い脂肪の部分を取り除き、一口大に切る。

②鍋に昆布を入れて水を注ぎ、旨味を出す。薬味の万能ねぎを刻み、ほかの材料も食べやすく切る。

③鍋を煮立たせ、材料を鍋に並べ入れる。たら、鶏肉を最初に入れ、豆腐や春菊はあとに。煮えたものから好みのタレをつけて食べる。

見栄えのいい野菜の切り方

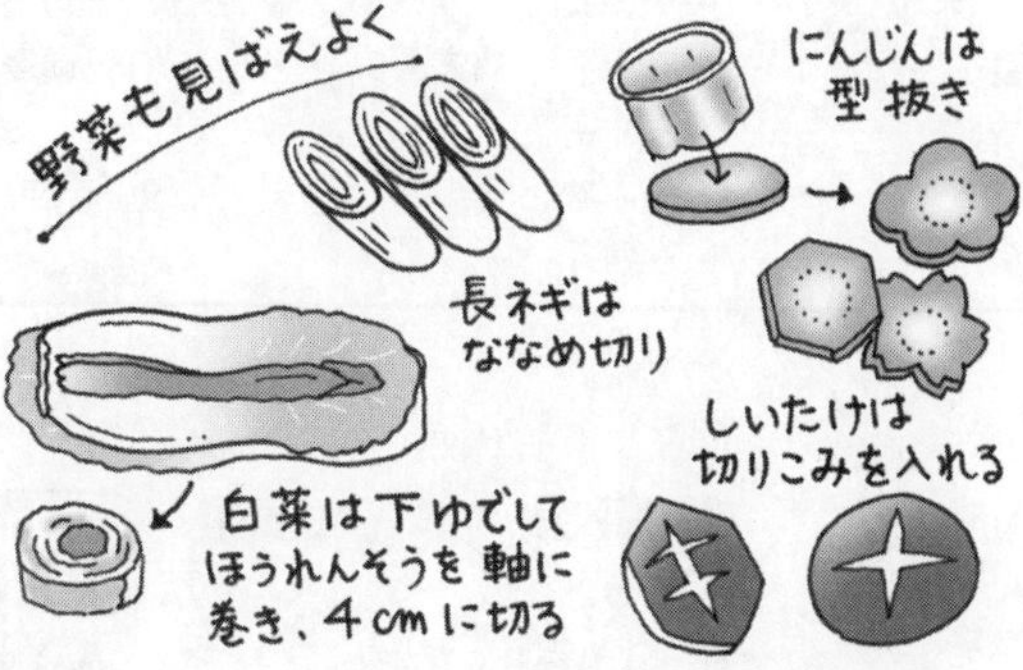
野菜も見ばえよく
にんじんは
型抜き
長ネギは
ななめ切り
しいたけは
切りこみを入れる
白菜は下ゆでして
ほうれんそうを軸に
巻き、4cmに切る

もうひと手間!

●タレを手作りする

ポン酢しょうゆは、簡単に手作りできる。すだち、ゆず、かぼすなどかんきつ類を搾り、同量のしょうゆで割る。薬味には、万能ねぎの小口切り、大根おろし、おろししょうがなど数種類用意しておくと味に変化が出て楽しい。

ここがポイント!

●野菜も下ごしらえ

野菜も下ごしらえをすると見栄《みば》えがいい。
にんじんは八角形に形づけて切ったり、型で抜いて下ゆでし、しいたけは石づきをとって十文字の切り込みを入れる。長ねぎも長さをそろえ、斜めに切るときれいに見える。

■材料（4人分）

■キムチ	350g	ごま油	適量
豚バラ肉	300g	コチュジャン	適量
豆腐	1丁	味噌	適量
もやし	1袋		
長ねぎ	1本		
にんにく	㊅1		

スタミナ満点！

炒めてうまい**キムチ鍋**

①豚肉を一口大に切り、コチュジャンをもみこむ。キムチ、長ねぎ、豆腐も食べやすい大きさに切る。にんにくはみじん切りにする。

②鍋を熱してごま油をひき、にんにくを炒め、豚肉、ねぎを加えて炒める。キムチを加えてサッと炒め、水を入れる。

③煮えたら豆腐、もやしを入れ、味をみながら味噌を加える。煮えたものから食べる。

1週間ほどたった酸味の強いキムチがよりうまい！

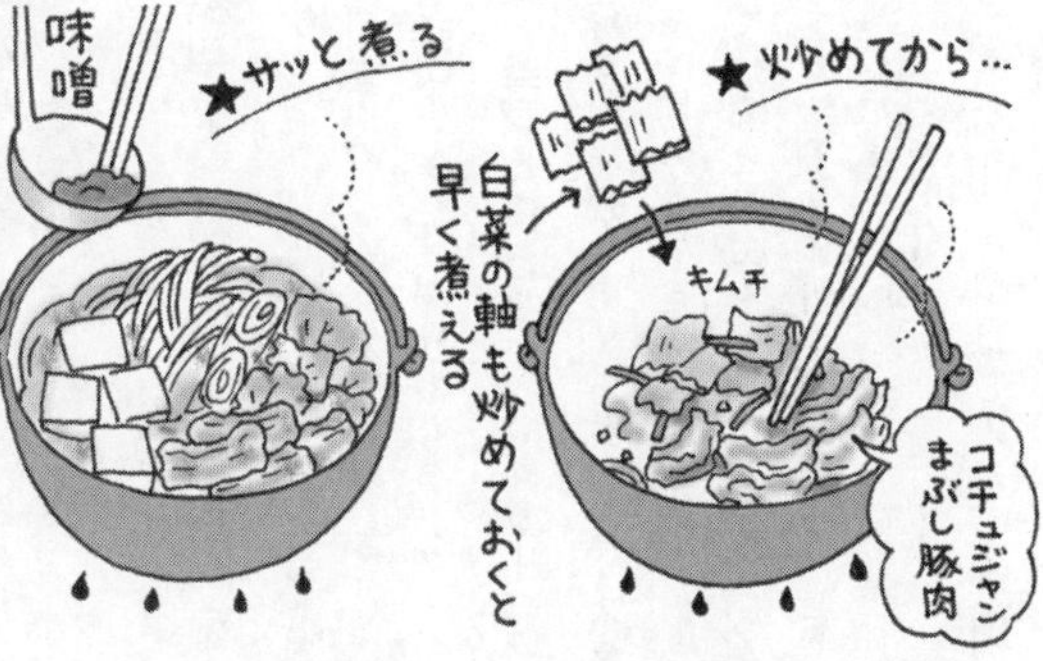
味噌
★サッと煮る
★炒めてから…
白菜の軸も炒めておくと
早く煮える
キムチ
コチュジャン
まぶし豚肉

バリエーション

●即席ラーメン入りキムチ鍋

鍋を一通り食べ終わったら即席ラーメンを加え、シメの一品に。麺は別ゆでしないで、鍋に放り込んで火が通るのを待つだけ。生の中華麺やうどん、モチのほか、ごはんを入れてキムチ雑炊《ぞうすい》にしても。

ここがポイント！

●キムチを炒める

キムチを具や香りづけと思って最後に入れる人が多いが、これは間違い。キムチは炒めることで旨味成分が増加し、鍋のいいだし汁になる。さらにキムチの旨味をアップさせるのが豚肉。2つをいっしょに炒めることで、旨味が倍増する。

おいしい豆知識④

料理を〈超〉ラクにする便利アイテム5

①テフロン加工のフライパン

テフロン加工のフライパンは、料理ビギナーの強い味方。失敗しても焦げつきが少なく、洗うのもラク。

②野菜ピーラー・スライサー

野菜の皮むき用ピーラーと、スライスや千切りができるスライサーは、もっているととても便利。包丁使いが苦手でも、簡単に野菜がカットできる。

③キッチンばさみ

大きなキッチンばさみは、食品の封を切るだけでなく、包丁がわりにも使える。万能ネギを切って薬味にしたり、ソーセージを切ったり、アイデア次第で用途は多彩。

④トング

さい箸が苦手な人は、素材をはさむ大きめのトングを使おう。取り出す、ひっくり返す、盛り付ける……あらゆる場面で重宝するアイテムだ。

⑤保存容器

新しく買うなら、冷凍からレンジ加熱まで耐えられる保存容器がおすすめ！　冷凍庫から取り出してそのままレンジにかけられるので、大変便利。

12

ちょっとつまみたくなる！
基本の【軽食】メニュー

小腹がすいたときにチャチャッと作りたい、軽食レシピ。サンドイッチやピザトーストなど、喫茶店で出てくるあの味が、再現できます。

揚げたては絶品！

きちんとフライドポテト

■材料（2人分）

じゃがいも	2個
サラダ油	適量
塩	適量

①じゃがいもを1cm角くらいの棒状に切り、水にさらす。

②①をざるにあげ、ふきん（ペーパータオル）で包んで水気をしっかりとる。

③中華鍋に揚げ油を入れて熱し、②のじゃがいもを揚げる。きつね色になったら網《あみ》にとる。熱々のうちに塩をふる。

お好みの味付けで

冷凍ポテトとはちがったホクホク感がやみつきに！

もうひと手間！

●スパイスに凝る

フライドポテトは、塩、こしょう以外のスパイスや調味料を組み合わせると、いろんな味が楽しめる。揚げたてにバターを落としたり、乾燥バジルやパセリを散らしたり、カレー粉やチリペッパーでピリリとさせても美味。

プロの技！

●ラードで揚げる

ラードで揚げると風味が増し、コクがあってうまい。ラードは焦げやすいので強火にしないこと。

●二度揚げする

カラッとしたポテトにするには、軽く揚げたあと、食べる直前に強火でもう一度揚げなおすといい。

■材料（2人分）

バゲット…………… ½本
にんにく……………… 1かけ
バター………………… 適量

パスタにそえれば、気分はイタリアン！

こすりつけるだけ！
香り抜群ガーリックトースト

①バゲットを適当な長さに切り、さらに縦半分に切る。オーブントースターで表面がカリッとするくらいに焼く。

②にんにくは皮をむいて半分に切る。①のバゲットの表面に、にんにくの断面をこすりつける。

③バターを塗り、オーブントースターでふたたびこんがり焼く。

ニンニクの香りが食欲をそそる

いい香り
軽く焼く
ここでは焼き色はつけない
ニンニクをこすりつける
バターもぬる
焼く

メニューアレンジ

●ガーリックトーストのパンサラダ

生野菜サラダに、カリカリに焼いたガーリックトーストを細かく切ってトッピングすれば、パンサラダに。オリーブ油、酢、塩だけのシンプルドレッシングでどうぞ。好みで粉チーズをふりかけても。

プロの技！

●ガーリックオイルで

オリーブ油にみじん切りしたにんにく、刻みパセリ、塩を加えてまぜる。このガーリックオイルをバゲットの断面に塗って焼けば、より本格的なガーリックトーストになる。バター風味がほしければ、オイルを塗ったあと、バターを軽く塗ればいい。

■材料（2人分）

食パン(8枚切り)	4枚	辛子	適量
ハム	2枚	マーガリン	適量
スライスチーズ	2枚		
ゆで卵	2個		
レタス	適量		
マヨネーズ	適量		

切るのが簡単！

ラップ包みミックスサンド

①ゆで卵（98ページ参照）を包丁で適当に刻み、マヨネーズであえる。辛子とマーガリンをまぜたものを食パンの片面に塗る。

②大きめのラップの上に食パンを置き、①の卵、ハム、チーズ、レタスをのせる。もう1枚のパンをかぶせ、ラップでキッチリ包む。

③同じものを2つ作り、食べるときに、ラップをつけたまま包丁で半分に切って皿に移す。

ラップでくるんだまま切るから崩れにくい

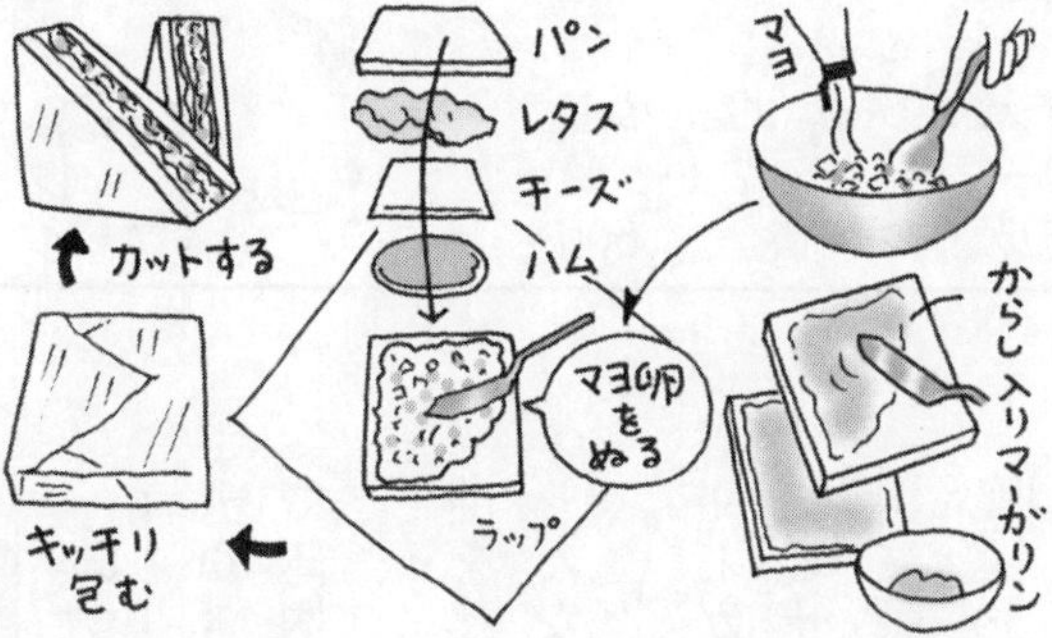
パン
レタス
チーズ
ハム
マヨ
カットする
マヨ卵をぬる
からし入りマーガリン
キッチリ包む
ラップ

メニューアレンジ

●BLTサンドイッチ

フライパンでベーコンをカリカリに炒める。トマトはスライス、レタスはちぎる。パンにバターを塗りトーストし、粒マスタード、マヨネーズを塗って具をはさむ。ライ麦パンやフランスパンなど、パンの種類はお好みで。

もうひと手間！

●食べやすく切る

弁当用にするときは、耳を切り落としてあるサンドイッチ用のパンを使い、具は卵、ハム＆きゅうり、チーズ＆レタスのように、別々にはさむ。これを正方形(１枚を¼にカット)に切って詰めると、一口サイズで食べやすく、見た目にもきれい。

■材料（2人分）

食パン（厚切り）	2枚	ピザ用チーズ	適量
玉ねぎ	½個	マーガリン	適量
ソーセージ	1本		
マッシュルーム（缶詰）	少量		
ピーマン	少量		
ピザソース（市販）	50g		

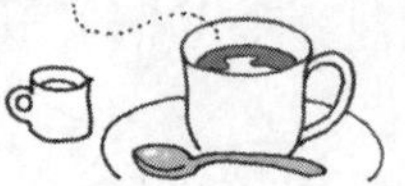

あの味を自宅で再現！
喫茶店風ピザトースト

①玉ねぎ、ソーセージ、マッシュルームをすべて薄切りにする。

②油を熱したフライパンに①を入れて炒める。しんなりしたら、ピザソースであえる。

③マーガリンを塗ったパンに、②をのせ、さらにピザ用チーズ、ピーマンの輪切り2枚をのせて、トースターで焼く。

パンは厚切りのほうが断然うまい！

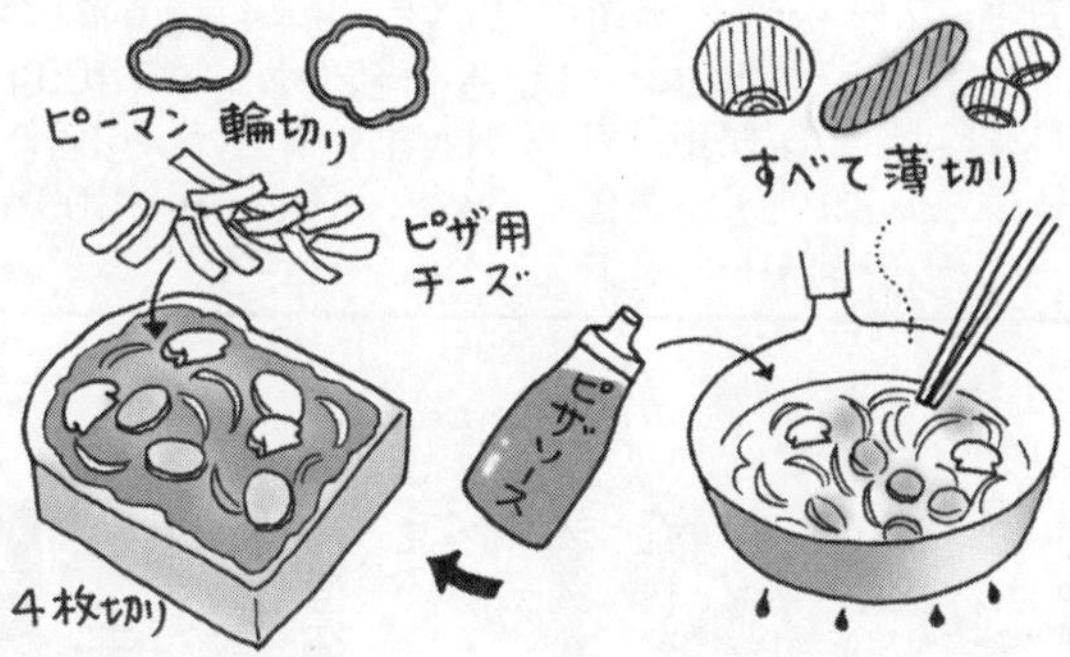

バリエーション

●ツナとキャベツのマヨピザ

①キャベツのザク切りと缶詰のツナ、マヨネーズをあえ、塩、こしょうで味をととのえる。
②マーガリンを塗ったパンに1を広げ、とろけるチーズをのせて焼く。きのこやにんじんを加えてもおいしい。

裏ワザ！

●野菜のかわりにコレ

野菜のかわりに、冷凍ミックスベジタブル(市販)で代用。凍ったままパンにのせて焼いても OK！

●ピザソースがなくても

生のトマトをを小さく切って具に加え、ケチャップで味付けすると、さっぱりした味に。

■材料（2人分）

豚バラ薄切り肉	100g	A 和風だしの素（市販）	㊅1
マヨネーズ	適量	A 小麦粉	100g
キャベツ	3〜4枚	A 溶き卵	2個分
紅しょうが、青のり、削り節	適量	A 水	100mℓ
ソース	適量		

おやつにもつまみにも！
フライパンでお好み焼き

①豚バラ肉とキャベツを細めに切る。ボウルにAを合わせてよくまぜ、豚肉とキャベツをあえる。

②フライパンに油を熱し、①の半量（1枚分）を流して焼く。焼き色がついたらひっくり返し、フライ返しで押さえつけるようにする。

③中まで火が通ったら、表面にソースを塗り、かつお節、青のり、紅しょうが、マヨネーズをかける。もう1枚も同じように焼く。

キャベツたっぷりでビタミンもとれる

トッピングは
お好みで
豚バラ
キャベツ
A
・ソース
・かつお節
・青のり
・紅ショウガ
・マヨネーズ

バリエーション

●シンプルねぎ焼き あっさりしょうゆ味

豚バラ肉とキャベツにかえて万能ねぎの小口切りを1束入れれば、ヘルシーなネギ焼きに。小麦粉を減らし、たねをゆるめにするのがコツ。ごま油で両面をパリッと焼いて、しょうゆで召し上がれ。

もうひと手間!

●別の具でもう1枚

明太子＋チーズ＋もち、魚介類＋ねぎ、ニラ＋豚肉、キャベツ＋桜えびだけで焼いてもうまい。

●山いもを加える

小麦粉の分量を減らし、山いものすりおろしを加えると、ふんわりふっくら焼きあがる。

●さいごに

「おいしい料理を作るにはダンドリが決め手」「料理は方程式を知らないとダメ」「料理はセンス」などといわれます。いずれにしても、そのもとにあるのは、経験とカン。料理は作れば作るほど、その腕前はアップし、おいしいものを食べれば食べるほどセンスは磨かれます。

この本では、料理をふるまった相手に〝合格点〟をつけてもらえるだけの知恵を紹介しましたが、料理には失敗はあっても、〝絶対の正解〟はありません。大切なのは、じっさいに作ってみること。そして、さまざまに工夫を重ねてみることです。

KAWADE
夢文庫

作れないと恥ずかしい基本の料理
絵レシピ100連発!

二〇〇七年十月一日　初版発行
二〇一四年十月二〇日　9刷発行

著　者…………平成暮らしの研究会〔編〕
企画・編集……夢の設計社
東京都新宿区山吹町二六二〒162-0801
☎〇三―三二六七―七八五一（編集）
発行者…………小野寺優
発行所…………河出書房新社
東京都渋谷区千駄ヶ谷二―三二―二〒151-0051
☎〇三―三四〇四―一二〇一（営業）
http://www.kawade.co.jp/
装　幀…………川上成夫＋木村美里
印刷・製本……中央精版印刷株式会社
組　版…………株式会社大文社
Printed in Japan ISBN978-4-309-49665-8